글 쓸 줄 아는 사람이 되라

호모 스크리벤스

21세기북스

글 쓸 줄 아는 사람이 되라

호모 스크리벤스

김지영 지음

글을 쓸 줄 안다는 것

2011년 여름, 20년간 일했던 언론계를 떠나 외국계 기업으로 자리를 옮겼다. 기사를 쓰던 기자에서 회사 안팎의 커뮤니케이션을 총괄하는 책임자가 된 것이다. 새로운 환경은 각오 이상으로 낯설었다. 일상적인 용어에서부터 조직 문화에 이르기까지 그 어떤 것도 결코 만만하지 않았다.

하지만 낯섦이 주는 묘한 긴장감이 싫지는 않았다. 익숙하지 않은 환경에서 날마다 깨우치는 새로운 지식과 경험, 그리고 무언가를 보여줘야 한다는 마음의 부담 등 여러 감정이 뒤엉킨 가운데 오래 잃어버리고 지내던 직장인으로서 자의식도 눈을 떴다. 내가 잘하는 것은 무엇이며 그 점을 이용해 할 수 있는 일은 무엇인지, 앞으로 해보고 싶은 것은 무엇인지 등.

　그리 오랜 시간이 걸리지 않았다. 당장 하루에도 수십 통씩 쏟아지는 이메일과 검토 요청이 들어오는 회사 안팎의 각종 문서를 읽고 있으면 종종 '글을 왜 이렇게 썼지?' 하는 의문과 함께 머릿속에 빨간 불이 켜지곤 했다. 그중 일부는 고쳐서 되돌려 보내기도 했다. 하지만 간혹 어디서부터 손을 대야 할지 알 수 없을 정도로 막막한 글도 있었다. 신문사에서도 기자들의 기사를 보는 데스크를 했지만 글을 읽고 고치는 데는 그때보다 몇 배의 시간과 노력이 들었다.

　배운 것이 도둑질이라고 했던가. 나도 모르게 다른 사람들의 이메일은 물론이고 회사 내에서 돌아다니는 각종 문서를 유심히 뜯어 보게 되었다. 일 처리를 위해 내용만 보는 것이 아니라 글 자체에 주의를 기울이게 된 것이다. 그러자 '왜?'라는 의문도 점점 커졌다. 궁금증을 참지 못하는 성격이라 글을 손질하고 난 다음 고치기 전과 고

친 후의 문서를 함께 놓고 무엇이 얼마나 달라졌는지 일일이 대보기도 했다.

분명 같은 내용인데도 완전히 다른 느낌의 글이 되어 있을 때가 잦았다. 제목, 전체적인 구성, 글의 목적에 맞는 논리 전개, 문장의 흐름, 적절한 단어 선택, 감정과 표현 수위 등 이메일이나 문서마다 양상은 달랐지만 결국 결론은 하나였다. 오랜 시간 글쓰기에 단련이 된 사람과 그렇지 않은 사람이 만들어내는 차이였다.

나는 기자가 아닌 사람들의 글을 읽고 손질하기를 반복하면서 비로소 글쓰기도 개인이 가질 수 있는 하나의 경쟁력이라는 사실을 깨달았다. 예전에는 글쓰기에 관한 한 엇비슷한 사람들 틈바구니에서 지내다 보니 실감하지 못했다. 하지만 신문사라는 울타리를 벗어나니 글 쓸 줄 아는 사람과 그렇지 못한 사람의 차이가 어디까지 벌어질 수 있는지 한눈에 알 수 있게 되었다.

그때부터 '글쓰기도 경쟁력이다'는 나의 화두가 되었다. 지난 20년간 나의 글쓰기를 돌아보는 한편, 기회가 될 때마다 회사 안팎의 다양한 사람과 의식적으로 글쓰기를 주제로 이야기를 나눴다. 글쓰기 사내 강의를 만들고 젊은 직원들과 이메일로 간단한 글쓰기 실습을 하고 설명해주면서 의견을 교환하기도 했다.

글쓰기에 대해 사람들과 이야기를 나누다 보면 반드시 등장하는 세 가지 문장이 있다. "저도 글을 잘 쓰고 싶어요" "저는 글에 소질이 없어요" "글을 잘 쓰려면 어떻게 해야 하나요?"이다.

사람들은 기본적으로 글쓰기에 관심이 있다. 글쓰기에 관해 이야기를 꺼내면 대부분 처음 나오는 대답이 "저도 글을 잘 쓰고 싶은데요"다. 특히 자신이 쓴 글에서 문제점을 일러주거나 기본적인 원칙을 코치해 주면 적극적인 반응을 보인다. 글쓰기 실력을 높이기 위해 무언가 배우거나 시도해보고 싶다는 의사를 밝히는 이들도 적지 않다.

그다음으로 나오는 이야기는 십중팔구 "글을 잘 써서 좋으시겠어요. 전 글에 소질이 없어서요"다. 마치 글을 잘 쓰려면 선천적으로 무언가가 있어야만 한다는 식이다. 물론 소질이나 재능을 타고나는 사람도 일부 있다. 하지만 대부분의 보통 사람에게는 글쓰기도 다른 능력처럼 타고나는 것보다 후천적으로 개발되고 길러지는 것이다. 글쓰기를 타고나는 재주나 능력 차원으로 생각하는 한, 자신의 글쓰기 능력을 기르기 위한 노력은 소홀해질 수밖에 없다.

나 역시 타고난 글솜씨를 가진 사람은 결코 아니다. 초등학교 때 글짓기 상을 휩쓰는 친구들은 부러움의 대상일 뿐이었다. 기자가 되겠다고 결심한 것도 글을 쓰는 직업이기 때문이 아니라 사람들이 흔히 생각하듯 자유롭고 멋지며 의미 있는 일일 것 같다는 막연한 환상 때문이었다.

이유야 어찌 됐든 나는 20대 초반에 신문기자라는 직업을 갖게 되었고 그 덕분에 자연스레 글쓰기 능력을 기를 수 있었다. 때로는 마감 시간에 쫓기며 피를 말리는 상황에서 긴박한 기사를 쓰기도 했고, 때로는 제 흥에 겨워 한껏 멋을 낸 기사를 쓰기도 했다. 하지만 불특정 다수의 독자를 상대로 주어진 상황과 조건에 맞는 글을 써야 한다는 사실만큼은 변함이 없었다. 20년이라는 시간이 흐르고 이런저런 경험이 쌓이면서 어느샌가 글을 쓸 줄 아는 사람이 되어 있었다. 그래서 나는 누군가 내 글을 보고 타고난 능력처럼 칭찬해 줄 때마다 고맙기도 하지만 한편으로는 누구나 가질 수 있는 시간과 노력의 결과가 과대 포장되는 것 같아 공연히 미안한 마음이 들 때도 있다.

글쓰기 대화의 마지막은 100퍼센트 다음과 같다.

"그래서 글을 잘 쓰려면 어떻게 해야 하나요?" 물어보는 사람들은 내가 20년간 신문기자였으니 무언가 딱 떨어지는 답을 줄 것이라 기대하는 눈치가 역력하다. 하지만 나는 그때마다 대답 대신 되묻는다.

"왜 글을 잘 쓰고 싶은데요?"

나의 역질문에 그 자리에서 바로 대답하는 사람은 거의 없다.

'뭣하러 그런 것을 물어보느냐?'며 대답을 듣지 못한 데 대해 실망

하고 의아해하는 기색이다. 되물어 본 나 역시 실망하기는 마찬가지다. 글을 잘 쓰려면 글을 잘 써야만 하는 자기 나름의 이유를 스스로 아는 것부터가 시작인 것을 사람들은 잘 모른다.

　글을 잘 쓰게 해 주는 마법의 열쇠는 없다. 사람들이 기대하는 기술이나 비결은 아무리 세세히 일러줘도 금방 한계를 드러낸다. 글쓰기는 그림 그리기처럼 무에서 유를 만들어내는 창조적인 행위이자 누가 어떤 이유로 어떻게 하느냐에 따라 같은 기술도 정반대의 결과를 가져올 수 있는 다분히 의도적인 행위다. 또 연주나 운동처럼 시간과 노력을 들이지 않으면 일정 수준에 도달할 수 없다. 글쓰기는 기술 이전에 그 기술을 소화할 수 있는 바탕이 전제되어야 한다. 그 위에 시간과 노력이 더해져야 비로소 자신이 원하는 결과를 만들어낼 수 있다. 수많은 학생이 대입 논술을 위해 초등학교에 들어가기 전부터 학원에 다닌다. 그것도 모자라 일부는 입시 직전에는 수백만 원씩 하는 족집게 과외까지 받는다. 그런데도 대부분이 여전히 글쓰기를 어려워하는 것도 같은 이치다.

글쓰기에 관한 대화가 거듭되면서 나는 하고 싶은 일이 하나 더 생겼다. 내가 기자로 일하면서 배운 글쓰기 훈련을 전해주고 싶어졌다. 글은 한 사람의 일, 생활, 나아가 삶에 실로 지대한 영향을 줄 만한 것이었다. 또 기자의 글쓰기는 기자가 아닌 사람들에게도 충분히 유효하다는 근거도 제법 충분했다. 그러다 이 소망이 작은 사명감으로 발전했다. 내가 그랬던 것처럼 글을 쓰면서 얻는 즐거움과 이로움을 더 많은 이들이 경험할 수 있다면, 글쓰기로 20대와 30대를 보낸 사람으로서 큰 의미가 있을 것 같았다.

문제는 글쓰기를 어떻게 정리하고 어떤 형식으로 풀어낼지에 대한 것이었다. 글쓰기 고민은 글쓰기로 푸는 것이 정답이다. 글쓰기라는 화두를 놓고 몇 달간 고민한 결과를 한 권의 책에 담아 보기로 했다. 글쓰기에 대한 책은 이미 제법 많이 나와 있다. 글과 관련된 일을 하는 사람들이 가장 쓰고 싶어 하고 또 쓸 만한 주제이기 때문일 것이다. 그리고 그들 역시 나와 비슷한 고민을 했으리라.

하지만 나는 대부분 책이 다루고 있는 글을 잘 쓰는 구체적인 방법을 일러주는 것보다는 글쓰기가 왜 중요한지, 글을 쓰기 위해서는 무엇이 필요한지, 글을 쓴다는 것이 한 사람의 인생에 얼마나 도움이 되는지, 글쓰기가 실질적인 경쟁력이 되려면 어떤 노력을 들여야 하는지를 기자 경험과 나름의 생각으로 풀어내고자 했다. 글을 쓸 줄 아는 사람이라면 자신에게 맞는 글 잘 쓰는 방법은 이미 찾았거나 충분히 찾을 수 있을 테니까.

사실 신문기자였을 때는 내 기사가 어떻게 읽힐 것인가에만 관심을 기울였을 뿐 일반적인 의미의 글쓰기에 관한 관심은 그다지 많지 않았다. 또 관찰자가 되어 글을 쓰는 기자의 특성상 나의 개인적이거나 주관적인 생각들을 책이라는 형태로 풀어내는 것이 주제넘은 일은 아닌지, 너무 장황하게 설명하고 있지는 않은지 부담스럽기도 했다.

하지만 다른 사람들의 글쓰기에 조금이나마 도움이 되고 싶다고 생각하자 뜻밖에 하고 싶은 말도, 해야 할 말도 많아졌다. 한 분야에서 20년이면 어찌 됐든 나름의 견해를 가질 법하고 그렇게 쌓은 경험을 다른 이들을 위해 쓰는 것도 사회인의 소명 중 하나일 거라고 스스로 달래며 이 책을 썼다.

많은 사람들이 책에서 글쓰기와 자기계발을 위한 작은 단서라도 얻을 수 있다면 좋겠다. 특히 아직 자신의 인생을 위해 투자할 시간이 많은 대학생과 젊은 직장인들에게 유용한 길잡이가 되었으면 하는 바람이다.

2013년 1월

김지영

3장 나를 찾아 떠나는 여정, 글쓰기

4장 호모 스크리벤스가 되기 위한 가장 쉬운 연습

1장

소통의 종결자,
글쓰기

글쓰기도 **소통이다**

　글쓰기라고 하면 다소 고리타분하게 느끼거나 자신과는 크게 상관 없다고 여기는 사람들이 있을지도 모르겠다. 고리타분하다는 느낌은 글을 쓰는 것이 조선 시대 이래 사대부가 갖춰야 할 최고의 덕목 중 하나로 강조됐다는 사실에서 비롯된다. 세종대왕이 한글을 창제한 이후 수백 년의 시간이 지난 지금도 글쓰기는 소수 식자층만이 할 수 있는 고귀한 행위처럼 여겨진다. 현대의 시선으로 조선 시대를 바라보면 대부분 그렇듯, 양반들의 글쓰기도 멋은 있을지언정 재미는 없다.

　글쓰기가 자기와 별 상관이 없다고 생각하는 사람들은 현재 자신의 상황이 글쓰기가 크게 필요하지 않거나 정형화된 글쓰기만 한정하고 있을 가능성이 크다. 글보다는 수식과 도표로 성과를 표현하는 데 익숙한 이과 계열이나 상대적으로 문서 작업할 기회가 적은 예체

능 계열 학생들, IT나 바이오처럼 이과적 지식이 베이스가 되는 산업에 종사하는 직장인들이 대표적이다. 혹은 글의 종류와 관계없이 공문서라는 분명한 틀을 유지해야 하는 공무원, 자신의 분야에서 통용되는 전문용어가 확실하고 그것에 충실한 것이 가장 중요한 의사나 법조인 같은 전문직들도 대상이 될 만하다. 이들에게 글쓰기는 다소 먼 얘기처럼 들린다.

하지만 글쓰기는 고리타분한 옛사람의 덕목도, 특정한 분야의 사람들만이 갖춰야 하는 전문적인 능력도 아니다. 오히려 정반대다. 현대에 살고 있는 그 누구도 글쓰기에서 벗어날 수 없다. 어떤 조건에서 어떤 일을 하더라도 가장 필요한 경쟁력 중 하나다. 왜 그럴까?

이유는 너무나 단순하다. 소통communication 때문이다. 글쓰기는 듣기, 말하기, 읽기와 더불어 인간의 의사소통을 이루는 네 가지 영역 중 하나다. 의사소통이 인간의 가장 기본적인 특성이라는 것은 차치하고서라도 요즘 같은 세상에서 과연 누가 소통에서 벗어날 수 있겠는가. 소통은 현대 사회에서 분야를 막론하고 가장 요구되는 능력이자 최우선으로 추구되는 가치이다. 소통의 중요성에 대해서는 새삼 이야기할 필요도 없을 것이다.

글쓰기가 소통이라는 사실을 실생활의 예로 들어보자. 사람들은 매일 이메일을 주고받는다. 이메일은 정보를 교환하기 위해서든, 자신의 뜻으로 상대방을 설득하기 위해서든, 혹은 감정을 교류하기 위해서든 쓰는 사람과 읽는 사람 간의 소통을 목적으로 한다. 회사나 학교에서 하는 각종 문서 작업은 또 어떤가. 각종 기획서, 제안서, 보고서, 리포트, 고객에게 보내는 편지, 자기소개서, 보도자료, 전 직원에게 보내는 CEO 편지, 심지어 발표를 위한 슬라이드에 이르기까지 모든 문서는 하나같이 나와 다른 사람의 소통을 위한 것이다.

글쓰기 소통이 이루어지는 종류를 얼핏 꼽아보기만 해도 분야는 물론이고 기업의 사장에서부터 말단 직원에 이르는 모든 직급을 망라해 현대를 사는 사람이라면 누구나 소통으로서의 글쓰기를 한다는 사실을 알 수 있다. 단순하게 쓰는 양으로만 따지자면 매일 기사를 쓰는 기자들이나 일반 기업에서 일하는 직장인들이나 크게 다르지 않다.

사실 글쓰기가 커뮤니케이션이라는 것은 잠깐만 생각해봐도 너무나 당연한 얘기다. 글쓰기가 소통이라는 말에 이의를 제기할 사람은 없을 것이다. 그럼에도 많은 사람들이 글쓰기를 소통이라는 관점에서 바라보지 못한다. 나 역시 20년 동안 글쓰기를 업으로 삼아왔으면서도 글쓰기를 소통의 관점에서 보기 시작한 지는 기업에 와서 글이 불필요한 소통 오류를 만들어내는 것을 목격하고 난 이후다. 도대체 글쓰기가 소통으로 여겨지지 않는 이유는 뭘까?

앞서 말한 글쓰기 자체에 대한 동경이나 선입견도 한몫한다. 하지만 커뮤니케이션에 대한 인식의 부재 혹은 오해가 더 크게 작용한다.

커뮤니케이션이 모든 사람에게 일상적으로 일어나는 행위이다 보니 정작 그 의미와 중요성을 깨닫지 못하는 것이다.

소통이라고 하면 대개는 글쓰기 보다 말하기를 떠올리게 되고, 커뮤니케이션 전문가라고 하면 글 잘 쓰는 사람보다는 말 잘하는 사람을 의미하는 것이 현재의 상식이다.

기업이나 대학은 너나없이 소통을 강조하면서도 정작 직원이나 학생들의 글쓰기에는 관심을 기울이지 않는다. 기업이 직원들에게 하는 커뮤니케이션 교육도 대부분 말하기에 관한 것들이다. 소통과 대담에 대한 최근 몇 년 사이의 엄청난 붐을 생각하면 글쓰기 커뮤니케이션에 대한 무관심은 아이러니라 하지 않을 수 없다.

대학교에서 배우는 대부분 과목의 첫 강의 시간은 '○○란 무엇인가'라는 질문으로 시작된다. 개념 정의부터 하고 넘어가야 한다는 것이 교수님들의 생각인 듯하다. 대학교수들의 방법을 잠시 빌려 본다면 '글쓰기란 무엇인가?'는 글쓰기에 관한 이야기를 시작하기 전에 가장 먼저 물어야 할 질문이다. 그리고 적어도 이 책에서 이야기하려는 답은 소통이다.

듣기-말하기-읽기
그다음에 쓰기

소통으로서의 글쓰기에 대해 곰곰이 생각해보면 한 가지 흥미로운 사실을 발견할 수 있다. 글쓰기가 단지 커뮤니케이션의 일종이 아니라 의사소통의 네 가지 종류, 즉 듣기·말하기·읽기·쓰기 중에서 가장 고차원이라는 것이다.

이 사실은 어느 날 일곱 살 난 딸을 보면서 문득 깨달았다. 아이는 자라는 것이 하루가 다르다고 하지만 요즘 딸의 성장은 그야말로 눈부시다. 몸이 쑥쑥 늘어나는 것은 물론이요, 커뮤니케이션 능력도 무럭무럭 자라고 있다. 어디서 저런 말을 배웠나 깜짝 놀라게 할 때가 있는가 하면, 정성껏 쓴 편지를 엄마에게 전해주기도 한다. 얼마 전까지만 해도 소리를 내서 책을 읽더니 이제는 재미난 책을 손에 쥐면 어디에 박혀 있는지 모를 정도로 조용하다.

커뮤니케이션 능력만 놓고 보면 딸은 거의 한 돌이 될 때까지는 오직 듣기밖에 할 줄 몰랐다. 그 무렵에는 엄마는 말하고 아기는 듣기만 하는 일방적인 소통이었다. 육감적인 소통은 있었을지언정 순수한 의사소통 수준은 대단히 낮았다.

아기가 내 말을 듣고 있었다는 사실은 말을 시작함으로써 비로소 확인할 수 있었다. 딸이 처음 한 말은, 다른 모든 아기가 그러하듯 자신이 가장 자주 듣는 말, '엄마'와 '아빠'였다. 딸은 그동안 자기가 들었던 것을 모방함으로써 소통의 두 번째 단계인 말하기를 시작한 것이다. 아기들의 뇌가 어떤 과정으로 성장하는지 전문적인 지식은 없었지만 듣기에서 말하기로 소통 능력이 진화한다는 사실만은 분명히 알 수 있었다. 혹자는 아기가 '엄마'라는 말을 하려면 적어도 그 말을 6,000번 정도 들어야 한다고 한다. 1년 동안 하루에 20번씩 누군가 아기에게 '엄마'라는 말을 들려준다는 계산인데 내 경험에 비추어 보면 얼추 맞아떨어지는 얘기다.

듣기와 말하기로만 이루어지던 딸의 소통은 네 살 무렵 크게 변화했다. 간단한 글자를 읽을 수 있게 된 것이다. 어느 날 갑자기 아이는 내가 읽어주는 책에서 한 글자씩 알아보기 시작했다. '가'라는 글자를 보고 '가'라고 읽는다는 사실을 알아챈 것이다. 아이가 글자를 읽기 시작하자 나는 집 안 사물에 '의자' '책상' '냉장고' 같은 이름 카드를 붙여 놓았고 한 글자로 시작한 딸의 읽기는 곧 한 단어로 확장

되었다. 한 단어는 한 문장으로, 한 문장은 다시 한 문단으로 늘어났다. 곧 딸은 한 권의 책을 혼자서 읽고 이야기를 이해했다. 그때까지 소리로만 알고 있던 듣기와 말하기 소통이 이제 문자라는 약속된 상징을 통해서도 가능한 단계로 업그레이드된 셈이었다.

읽기에서 쓰기로 넘어가는 데는 말하기에서 읽기로 진화하는 것보다 훨씬 적은 시간이 걸렸다. 여섯 살이 되면서 딸은 자기 이름을 시작으로 어설프게나마 쓰기에 입문했다. 가을이 되기 전에 자신이 생각하는 것을 간단한 문장으로 써서 스스로 표현할 수 있게 되었다. 수준의 차이는 있지만, 인간의 보편적인 커뮤니케이션 형식을 모두 통달한 것이었다.

5년이라는 시간을 되짚어 보면 딸은 듣기, 말하기, 읽기, 쓰기의 순으로 소통을 발달시켜 갔다. 시간의 빠르고 늦음은 있을망정 어떤 아이도 그 순서가 다르지 않다는 것은 누구나 동의할 것이다. 아이들이 보여주듯 인간의 소통은 듣기, 말하기, 읽기를 거쳐 쓰기에서 완성되는 것이다.

좀 거창하게 말해서 의식적인 소통이 인간과 동물을 구별 짓는 가장 큰 특징이라고 한다면 글쓰기야말로 인간의 소통 영역 중에서도 가장 마지막 단계이자 최상위 레벨이라 할 수 있다. 그런 점에서 현 인류를 설명하는 다양한 용어 중 '글 쓰는 사람'이라는 뜻의 호모 스크리벤스Homo Scribens를 추가해도 큰 무리는 없을 것이다.

하지만 글쓰기가 커뮤니케이션의 최상위 단계라는 사실이 단지 시간적인 발달 순서를 설명하는 것만은 아니다. 글쓰기가 커뮤니케이션의 네 가지 영역에서 가장 마지막에 놓인다는 사실은 우리가 글쓰기 역량을 기르는 데 어떻게 접근해야 하는지에 대한 대단히 중요한 통찰을 일러준다. 바로 각각의 앞 단계 커뮤니케이션이 제대로 구축되지 않으면 결코 마지막 단계인 글쓰기 역량을 갖출 수 없다는 사실이다.

다시 아이들의 커뮤니케이션 발달 과정을 생각해 보자. 아이가 글을 쓸 줄 알기 위해서는 다른 사람의 말을 듣고 자신의 말을 할 줄 알아야 하는 것은 물론 글을 읽고 스스로 생각할 줄 알아야 한다. 그중 하나라도 중간 단계를 생략하거나 순서를 바꾸면 아이가 글쓰기를 제대로 익힐 수 없다. 마찬가지로 아직 듣기·말하기·읽기 능력이 여물지 않은 어린아이를 논술 학원에 보낸다고 글쓰기 능력이 향상될 수 있는 것은 아니라는 얘기다.

일반적인 예로 영어를 생각해 보자. 우리 세대에게 영어는 최대의 골칫거리 중 하나다. 중고등학교 6년에 대학교 4년까지 모두 10년을 배우고 사회에 나가서도 토플, 토익, 영어 공부에 적잖은 시간과 노력을 들이는데도 영어 때문에 스트레스를 받는 경우가 많다. 오죽하면 영어로 말을 해야 하는데 머릿속이 하얘지고 입은 떨어지지 않는다고 '영어 울렁증'이라는 말까지 생겼을까.

영어 커뮤니케이션에서는 말보다 차라리 글이 낫다고 한다. 하지만 이는 몰라서 하는 소리다. 영어에서 정말 어려운 것은 쓰기다. 외국계 기업에서 일하다 보니 영어로 소통해야 할 경우가 많다. 영어가 모국어가 아닌 한국 사람들 사이에서 가장 수준 차이를 보이는 것이 쓰기다. 심지어 오랜 현장 경험으로 말로 하는 의사소통에 큰 어려움이 없는 사람들도 글을 보면 대번에 영어 실력이 드러난다. 영작 때문에 스트레스를 받거나 부적절한 영문 커뮤니케이션으로 곤란을 겪는 이들도 적지 않다.

나 역시 기자를 하던 중 미국에서 2년 간 유학한 적이 있다. 가장 큰 스트레스가 영어 글쓰기였다. 말은 하다 보면 들리고 어느 정도 실력이 늘어나는데 글쓰기는 도무지 제자리 같기만 했다. 또 말은 하면서 내가 제대로 하는지 아닌지 알 수 있는데 글은 어디서부터 어떻게 손을 대야 하는 건지 난감할 때가 한두 번이 아니었다. 한국에서는 나름 글 좀 쓴다고 자부했는데……. 속이 많이 상했다. 그때는 단지 영어 문제로 여겼지만 지금 생각하면 글쓰기가 커뮤니케이션의 가장 마지막 단계라는 점에서 지극히 당연한 경험이었다.

왜 한국 사람들은 유난히 영어를 힘들어할까? 단순하게 생각하면 너무 늦게 시작해서 그렇다고 볼 수도 있지만 10년이 결코 짧은 시간은 아니다. 10년 영어 교육이 무용지물이 되어버리는 데는 여러 이유가 있겠지만 영어를 커뮤니케이션의 발달 순서대로 배우지 않는다는 것이야말로 가장 근본적인 이유 중 하나일 것이다. 영어도 엄연히 소통 형식의 하나다. 모국어는 자연스레 듣기·말하기·읽기·쓰기 순서대로 배우면서 외국어인 영어는 읽기로 시작해 읽기로 끝나는 것이 보통이다. 결국 커뮤니케이션의 가장 마지막 단계인 쓰기는 물론이고 듣기와 말하기도 끝끝내 극복하지 못하고 허덕댈 수밖에 없다.

이와 반대로 요즘 아이들은 어릴 적부터 원어민에게 듣기와 말하기부터 배우고 어느 정도 시간이 지나 말하기와 듣기에 익숙해졌을 때 알파벳 읽기와 쓰기로 넘어간다. 그래서 영어 실력은 물론이고 영어에 대한 태도가 어른들과는 다르다. 모국어를 배우듯 외국어를 배우기 때문에 영어는 다른 언어일 뿐 소통하는 것이 훨씬 자연스럽다. 유치원에서 영어를 배우기 시작한 딸을 봐도 우리말과 발음이 달라 애를 먹을 때는 있지만, 영어로 말해야 할 때는 생각한 것을 바로 영어로 말한다. 어른들처럼 일단 한국말로 만들고 다시 영어로 바꾸어 말하는 과정이 없다.

처음 언어를 배우는 아기든 다른 나라 말을 배우는 어른이든 결국 인간의 모든 커뮤니케이션은 듣기, 말하기, 읽기, 쓰기의 순서로 이루어지는 것이 정석이다. 따라서 각각의 단계를 밟아 다음 단계로 넘어갔을 때 새로운 단계를 받아들이기도 훨씬 수월하다. 그러므로 마지막 단계인 글쓰기를 잘하기 위해서는 당연히 먼저 듣기, 말하기, 읽기를 잘해야 한다는 결론에 이르게 된다. 글쓰기 기술이나 비결을 익히는 것은 그다음이다.

뒤집어 생각해보면 글을 쓸 줄 안다는 것은 듣기, 말하기, 읽기가 어느 수준 이상 가능하다는 하나의 증명이다. 글쓰기는 그 사람의 전체적인 커뮤니케이션 역량, 나아가 사고의 깊이까지 드러내 보여주는 총체적인 가늠자이다.

1872년 미국 대학 중 가장 먼저 글쓰기 프로그램을 만든 하버드는 지금까지도 전공을 불문하고 모든 학생이 '엑스포스Expos'라는 글쓰기 수업을 반드시 듣도록 한다. 신입생들은 입학하자마자 글쓰기 테스트를 치러야 하고 그 결과에 따라 엑스포스 20, 혹은 그 아래 등급인 엑스포스 10을 들어야 한다. 엑스포스 20에는 30여 개의 다양한 수업이 있어 자신의 관심사에 따라 선택할 수 있지만 어느 과목이든 엄청난 분량의 읽기와 쓰기는 마찬가지다. 하버드 대학교의 이 전통은 글쓰기가 대학생에게 가장 필요한 기본 소양이기도 하지만 글쓰기 훈련이 되어 있어야 사회에 나갔을 때 자신이 거둔 성과를 제대로 소통할 수 있다는 생각에서 지켜진 것이다. 그리고 이는 분야를 막론하고 소통이 무엇보다 요구되는 요즘 글 쓸 줄 아는 사람이 되어야 하는 까닭과도 정확히 일치한다.

이처럼 글쓰기를 커뮤니케이션의 최상위 레벨로 바라볼 때 글쓰기 역량을 길러야 하는 이유와 방향이 비로소 분명해진다.

뭐든 하루에 두 개씩만 읽어라

글쓰기에 가장 직접적인 영향을 미치는 것은 읽기다. 글 쓸 줄 아는 사람이 되려면 무엇보다 바로 앞 단계의 커뮤니케이션인 읽기 훈련이 탄탄히 되어 있어야 한다. 읽기 훈련을 위해서는 꾸준함만한 것이 없다. 매일 적은 양이라도 빼놓지 않고 읽는 것이 중요하다. 내 경험에 비춰본다면 하루에 두 가지의 글이 제일 좋다. 하나는 건너뛸 가능성이 높고 셋 이상은 무리일 때가 많기 때문이다. 단 좋은 글이라고 생각하는 것을 골라야 한다. 신문기사도 좋고 자기 분야에서 쓰는 보고서나 리포트도 좋다. 그도 아니면 책 두 권을 정해놓고 한 챕터씩이라도 괜찮다. 꾸준히 하기만 하면 된다. 굳이 잠자기 전일 필요도 없고 지하철 출퇴근 시간과 점심시간을 쪼개서 읽으면 그리 오랜 시간이 걸리지 않는다. 주말을 제외하고 하루에 두 개씩 읽으면 일주일에 열 개, 한 달이면 40개, 일 년이면 거의 500개의 문서를 읽는 셈이다. 절대 적은 숫자가 아니다.

조금 더 빨리 읽기와 쓰기의 시너지 효과를 보고 싶다면 모작(남의 작품을 그대로 본떠서 만듦-편집자)을 해보자. 하루에 읽은 두 개의 글 중 마음에 드는 것을 골라 그 기본 틀대로 따라 써보는 것이다. 길지 않은 분량이니 조금만 더 시간을 할애한다면 충분히 할 만하다. 특히 자기소개서나 논술처럼 평가를 앞둔 사람이라면 꼭 해보길 권한다.

눈으로 읽는 것과 쓰면서 읽는 것은 분명 다르다. 눈으로 읽을 때는 보이지 않던 글의 내용, 흐름, 스타일, 장단점이 한눈에 드러난다. 머리로 이해했던 것이 실제 경험이 된다. 시험공부를 할 때, 그저 눈으로 읽어보는 것과 쓰면서 읽는 것이 기억이나 이해 면에서 큰 차이를 내는 것과 마찬가지다. 단 모작을 기계적으로 해서는 곤란하다. 그 글을 이해하고 분석하면서 소화하려는 의식적인 노력이 있어야 한다. 마치 자신이 그 글을 쓴 사람이 된 것처럼 한 줄 한 줄 생각하며 써야 한다. 그리고 자기 나름의 생각을 하고 이렇게 저렇게 바꿔 보려는 시도도 할 수 있어야 한다.

물론 한 번에 될 일은 아니다. 하지만 읽고 따라 쓰는 모작을 하루 이틀 반복하다 보면 어느 순간 자기 나름의 글쓰기가 내용적으로나 형식적으로 자리를 잡아가는 것을 스스로 느낄 수 있게 된다.

자기 완결적 커뮤니케이션,
글쓰기

글쓰기에는 듣기, 말하기, 읽기에는 없는 한 가지 뚜렷한 특징이 있다. 글쓰기의 이 고유한 특징을 이해해야 소통으로서의 글쓰기를 제대로 익힐 수 있다.

글쓰기가 듣기, 말하기, 읽기와 가장 구별되는 특징은 무엇일까? 이 질문에 대답하려면 먼저 커뮤니케이션의 각 단계가 가진 특징들을 생각해볼 필요가 있다. 가장 쉽게 구별하자면 커뮤니케이션은 크게 '받아들이기'와 '내보내기'로 나눌 수 있다. 받아들이기는 외부로부터 비롯되는 커뮤니케이션이고 내보내기는 내 안에서 시작되는 커뮤니케이션이다. 듣기와 읽기가 받아들이기에 속하고 말하기와 쓰기는 내보내기에 속한다.

받아들이기인 듣기는 누군가의 말에 귀를 기울이는 것이다. 아무래도 나보다는 상대가 주도하는 커뮤니케이션이다. 상대방의 말을 경청하겠다는 의지와 상대방이 말하는 내용에 대한 집중, 그리고 적당한 동의의 형식을 제외하면 내 쪽에서 해야 할 것은 특별히 없다. 물론 말은 쉽지만 실천하기는 결코 쉽지 않다. 최근 들어 말하기의 반대급부로 그 중요성이 강조되는 분야이기도 하다.

읽기도 문자를 통해 주어지는 내용을 인지하고 받아들이는 것이다. 내가 읽을 내용을 고를 수도 있다. 하지만 학생이나 직장인들은 선택의 여지 없이 읽어야 할 일도 적지 않다. 듣기와 마찬가지로 외부에서 주어지는 것을 받아들이는 측면이 더 크다. 물론 집중력과 끈기는 듣기와 마찬가지로 읽기에서도 기본이다. 하지만 읽기는 듣기보다 더 많은 능력이 필요하다. 일단 문자를 해독할 수 있어야 한다. 문자로 전달되는 내용을 이해할 수 있는 능력, 그리고 그 내용이 의미하는 바에 대해 생각할 수 있는 능력도 필요하다. 인류의 역사에서 문자가 생겨난 후 지식의 축적과 문명의 발달이 얼마나 급속도로 진전되었는지 생각해 보면 당연한 일이다.

내보내기는 받아들이기와 정반대다. 외부로부터 주어지는 것을 수용하는 것이 아니라 내 안에서 일어나는 생각이나 느낌을 밖으로 표출하는 적극적인 커뮤니케이션 행위이다. 따라서 받아들이는 상대도 중요하다. 하지만 일차적으로 내 안에 무엇이 있고 그것을 어떻게 내보낼 것인지가 우선이다.

말하기는 머릿속 생각이나 마음속 느낌을 언어라는 형태로 상대방에게 내보내는 것이다. 어떤 자리에서 어떤 형식으로 말을 하느냐에 따라 차이가 있다. 하지만 대개는 현장에서 쌍방향 커뮤니케이션으로 이루어진다. 듣는 사람이 말하는 사람의 내용을 즉석에서 받아들이고 즉각 반응한다는 뜻이다. 따라서 듣는 사람의 반응, 혹은 직접적인 대답에 따라 말의 내용도 얼마든지 달라질 수 있다. '이야기가 삼천포로 빠졌다'는 말에서도 알 수 있듯이 대화는 본래 말하는 사람이 의도했던 방향과 정반대로 갈 수도 있다. 듣기를 잘해야 말하기도 잘할 수 있다는 것은 그 이유에서다.

말하는 사람의 입장에서 보자면 말하기는 즉석에서 얼마든지 방향을 바꾸고 응용할 수 있는 커뮤니케이션이다. 설사 실수하더라도 자신이 그 상황을 깨닫기만 하면 얼른 만회할 수 있다. 입 밖으로 나간 말을 완벽하게 도로 주워담을 수는 없지만 일부러 녹음이나 녹화를 하지 않는 한 증거가 남지 않기에 어느 정도는 가능하다.

쓰기는 문자로 자신이 가진 생각과 느낌을 내보내는 것이다. 말하기와 글쓰기 사이에는 언어와 문자라는 형식에서 비롯된 궁극적인 차이가 있다. 말하기가 현장 중심의 쌍방향 커뮤니케이션이라고 한다면 글쓰기는 자기 완결성이 강한 커뮤니케이션이다. 글쓰기는 그 자체로 쓰는 사람에 의해 시작되고 완성된다. 읽는 사람은 중간 단계가 생략된 완성된 형태로 보게 되는 경우가 대부분이다. 댓글이나 문자메시지 등 비교적 최근에 등장한 쓰기 형태들은 쌍방향성을 가지고 있다. 하지만 일반저으로 글쓰기라고 하면 우선 쓰는 사람이 안성하고 그것을 토대로 읽는 사람과의 소통이 일어나는 것이 보통이다. 넓은 시각에서 보면 쓰는 사람과 읽는 사람 사이에 쌍방향 소통이 일어나지만, 그 시차가 분명히 존재한다. 그리고 시차는 경우에 따라서 상당히 길어지기도 한다.

또 글쓰기는 의미의 전달에서도 자기 완결적이다. 해석의 여지가 말하기보다 훨씬 적다는 뜻이다. 그래서 읽는 사람이 받아들이는 정도도 훨씬 강하다. 똑같은 내용으로 소통하더라도 면대면 대화로 주고받는 것과 서면으로 주고받을 때의 효과는 극과 극이 될 수 있다. 특히 감정의 표현, 가치 판단, 혹은 평가가 담겼을 때 쓰기는 말하기보다 훨씬 오래 강한 느낌이 든다. 귀로 들어서 받아들이는 말보다 눈으로 보고 머리에서 기억하는 문자의 효과가 그만큼 강렬하기 때문이다.

글쓰기가 자기 완결적 커뮤니케이션이라는 사실은 글을 쓰는 사람에게 그만큼 많은 책임과 가능성을 동시에 부여한다. 글을 쓰기 위해서는 글을 쓰는 목적과 글을 읽을 상대방에 대한 배려라는 기본 전제는 차치하더라도 글의 제목에서부터 문단의 구성과 문장의 흐름, 표현의 선택, 심지어 분량에 이르기까지 전부 스스로 책임져야 한다.

기사를 예로 들어보자. 취재 결과를 토대로 기사의 방향, 문단의 구성, 인터뷰 같은 기사의 형식과 세부 장치에 이르기까지 모두 기자가 혼자 생각하고 판단해 글을 써야 한다. 내용을 요약하는 첫 문장부터 관계자의 논평으로 끝나는 마지막 문장에 이르기까지 전부 글을 쓰는 기자의 몫이다. 입시나 평가를 위한 글쓰기처럼 조건이 주어질 때도 글을 쓰는 사람이 그 조건을 충족시키기 위해 혼자 작업해야 한다.

어떤 글이든 상대방의 얼굴을 직접 보면서 하는 것이 아니기 때문 말하기보다 어조를 담아내기란 더욱 어렵다. 자칫 단어 하나, 혹은 표현 하나가 글 전체에 영향을 줄 수도 있다. 게다가 글은 눈에 보이는 형태로 보존된다. 사람들의 기억은 바뀔 수 있지만 글로 남은 기록은 없어지지 않는다. 변호사들이 의뢰인에게 가능한 기록을 남기지 말라고 하거나 반대로 기록부터 확보하라고 조언하는 것도 같은 맥락이다. 사람들이 글쓰기를 어렵게 생각하는 이유 중 하나도 글쓰기가 갖는 이러한 자기 완결성 때문일 것이다.

하지만 거꾸로 생각하면 글쓰기는 말하기에 비해 생각과 느낌을 내보내는 사람이 의도하는 대로 만들어갈 가능성이 훨씬 크다. 다른 사람이 개입할 여지가 적고 일단 상대방의 반응을 얻기까지 시간이 걸린다. 따라서 보다 자기 주도적으로 접근할 수 있다. 또 쓰면서 얼마든지 수정할 수 있고 처음 의도한 것보다 더 좋게 만들어갈 수도 있다.

정 마음에 들지 않으면 시간이 허락하는 한 아예 처음부터 새로 쓸 수도 있다. 적어도 글을 완성하기 전까지는 온전히 글을 쓰는 사람의 뜻대로 이것저것 시도해볼 수 있다. 내가 하는 소통을 언제든 스스로 확인해볼 수 있다는 것은 글쓰기만의 장점이다.

"기자는 기사로 말한다."

기자들 사이에 통하는 말이다. 그 기자의 모든 것은 결국 기사로 보여 주고 평가 받는다는 얘기다. 이 말을 일반화시키면 글쓰기는 내가 만들고 나를 증명하는 하나의 작품이자 결과물이라는 얘기가 된다. 굳이 예술 작품일 필요는 없다. 하지만 글 쓰는 과정만큼은 예술 작품을 만드는 것과 크게 다르지 않다. 대부분 예술가가 관객을 염두에 두고 자신이 표현하고 싶은 것을 그림, 조각, 혹은 음악의 형태로 풀어내듯 글쓰기도 스스로의 생각과 느낌을 문자를 빌어 누군가에게 전달한다. 원하는 그림이 나오지 않으면 그리던 그림을 찢어버리는 화가의 안타까운 심정은 글이 써지지 않을 때 글 쓰는 사람의 마음과 다르지 않다. 반대로 자신이 작곡한 노래가 다른 이들의 사랑을 받고 많이 불릴 때 작곡가가 느끼는 기쁨 역시 자신의 글이 남들에게 인정받을 때 느끼는 뿌듯함과 같다.

나는 수습기자 시절에 처음으로 내 글을 남이 읽고 인정해줄 때의 기쁨을 알게 되었다. 강남초등학교 아이들이 체육까지 과외를 받는다는 현상을 사회면 톱기사로 쓴 적이 있었는데 그날 아침 라디오에서 DJ가 "세상에 요즘은 이런 일도 다 있네요"라며 내 기사에 대해 한동안 이야기를 늘어놓았다. 누가 쓴 기사인지, 심지어 그날 아침 신문기사라는 사실도 얘기하지 않았다. 하지만 그때의 우쭐함은 지금도 가끔 기억난다.

내 안에서 끄집어낸 무언가를 스스로 완성해 다른 사람과 소통할 수 있다는 것, 멋지지 않은가. 창작이 인간만이 가지는 최고의 가치이자 능력 중 하나라면 글도 그러할 것이다. 호모 스크리벤스만이 누릴 수 있는 즐거움이 분명 있다.

⊃ 글이 안 써질 때는? ⊂

글이 항상 잘 써지는 않는다. 글을 전문적으로 쓰는 사람도 글이 써지지 않아 괴로울 때가 있다.

기자도 마찬가지다. 일단 취재가 부실하면 기사가 잘 써지지 않는다. 취재가 잘 안 돼도 기사를 써야 할 때가 있는데 그러면 쓰기 전부터 마음이 편치 않고 평소처럼 써지지도 않는다. 기사가 너무 커도 쉽게 써지지 않는다. 사회적으로 큰 파장이 예상되거나 기사에 언급된 특정인이 다칠 수 있을 때 더욱 그렇다. 한 줄 한 줄이 부담스러우니 글이 빨리 나갈 턱이 없다. 취재할 때부터 관련 당사자들이 민감한 반응을 보이고 기업은 홍보실을 통해 이런저런 압력(?)을 전해 오기 마련이다. 게다가 취재원의 의견도 무조건 무시할 수 없어서 신경을 쓰다 보면 글 쓰는 데 방해 요소로 작용한다.

뜻밖에도 글을 쓰는 물리적 환경 자체는 기자에게 크게 영향을 미치지 않는다. 대부분의 사람이 조용한 곳에서 혼자 있어야 글이 잘 써진다고 하지만 기자들은 별로 그렇지 않다. 어떤 상황에서도 글을 쓰도록 훈련을 받았고 기자실이든 현장이든 신문사 안이든 늘 여러 사람이 왔다 갔다 하는 시끄러운 환경에서 일하다 보니 쓸 것만 있으면 어디서든 글을 쓸 수 있는 것이 기자들이다.

하지만 간혹 아무런 이유 없이 글이 막힐 때도 있다. 한번 안 써지기 시작하면 이상하게 계속 안 써지는 것이 글이다. 나 역시 모니터에 하얀 화면을 띄워 놓고 깜빡이는 커서만 한참 동안 바라보며 넋을 놓고 있다가 바보 같다는 자각과 함께 현실로 돌아온 적이 한두 번이 아니었다.

글이 안 써질 때 해결하는 방법은 기자마다 다르다. 하지만 가장 오래되고 흔한 방법은 아마 흡연일 것이다. 처음 원서를 내러 신문사 편집국에 발을 들였을 때, 마침 마감 시간이었는데 온 사무실이 뿌옇게 돼서 멀리 앉은 사람 자리가 잘 보이지 않을 지경이었다. 지금은 건물 내에서의 흡연이 금지된 터라 그런 풍경은 사라졌지만 1990년대 중반까지만 해도 기자들의 책상에 담배꽁초가 수북한 것은 익숙한 풍경이었다. 지금도 담배에 의존하는 기자들은 잠깐 밖에 나갔다가 오거나 아예 담배를 피울 수 있는 곳에 노트북을 들고 가서 기사를 쓴다. 흡연자인 기자들 말에 의하면, 담배를 피우면 생각이 정리된다고 한다. 니코틴의 직접적인 효과라기보다는 잠깐 주의를 돌리며 익숙한 행동을 하는 데서 오는 긴장 완화 효과가 아닐까 싶다.

여기자 중에서는 수다나 주전부리로 해결하는 이들도 제법 된다. 글이 막히면 친한 기자나 취재원과 잠깐 만나거나 전화, 혹은 메신저로 기사와 관계없는 이야기를 주고받으며 머리를 식히는 것이다. 또는 과자나 초콜릿 등을 서랍에 넣어 두었다가 하나씩 까먹으면서 기사를 쓰기도 한다. 후자는 니코틴과 마찬가지의 '설탕 효과Sugar effect'인 셈이다. 다른 사람에게 방해될 정도로 큰 소리를 내거나 여기저기 과자 부스러기를 흘리지 않는다면 둘 다 나쁜 방법은 아니다(모 선배의 책상을 물려받았을 때 서랍은 물론이고 책상 밑에서 끝도 없이 나오는 과자 부스러기에 기함했던 적도 있다).

드물지만 알코올을 활용하는 기자도 있다. 오래 전 선배 중에서는 술을 먹어야 기사가 잘 써진다는 이가 있었다. 그는 마감하고 술 한 잔 걸치고 들어와 남들이 퇴근한 후 혼자 남아 기사를 쓰곤 했다. 정말 효과가 있었는지는 모른다. 하지만 그 선배, 기사를 꽤 잘 썼다.

조금 시간 여유가 있다면 산책을 하는 기자들도 많다. 기자가 사무실에 얽매이는 직업이 아니기에 가능한 일이다. 큰 신문사는 회사 근처에 고궁이나 공원이 있는 경우가 많은데 평일 오후에 어슬렁거리는 사람 중에는 기자도 분명 있을 것이다. 혼자서 30분 정도 걷다 보면 운동도 되고 머릿속이 좀 정리가 된다.

나도 기사가 안 써져 답답하면 이어폰으로 음악을 들으며 『한국일보』 옆 경복궁과 『매일경제』 옆 한옥마을, 남산을 휘휘 돌아다니곤 했는데 제법 도움이 됐다. 그러고나서 다시 컴퓨터 앞에 앉으면 묘하게도 막혔던 곳이 스륵 풀리곤 했다. 아까 왜 쩔쩔맸는지 이해가 가지 않을 정도로. 요즘은 산책할 여유가 별로 없어 음악만 듣는데, 내 경우 비틀즈와 바흐가 만병통치다. 실타래처럼 얽혀 있던 머릿속이 가지런해지는 느낌이랄까.

혹시라도 글이 쓰다가 막히거든 일단 멈춰 보라. 그리고 잠깐이라도 자신이 가장 좋아하고 편안해하는 방법으로 주의를 돌려보자. 눈도, 손도, 머리도, 마음도 글에서 떨어뜨려야 한다. 간혹 기자 중에도 안 써지는 글을 붙잡고 끝까지 씨름하는 엉덩이 무거운 사람이 있다. 시간도 없는데 어떻게 자리를 비우냐며 난색을 보이는데, 내가 직간접으로 겪은 수많은 경험에 비춰보면 잠깐이라도 자리를 비웠다가 다시 돌아와 쓰는 편이 죽치고 앉아서 인상 찌푸린 채 쓰는 것보다 양적으로나 속도 면에서 절대 뒤처지지 않는다.

글이 안 써진다는 건 결국 우리 몸이 나의 몸과 마음을 글쓰기 상태에서 다른 상태로 바꿔 놓으라는 일종의 SOS가 아닐까. 다시 돌아와 글을 쓸 때 결국은 다시 써지는 걸 보면 맞는 얘기인 것 같다.

글쓰기에
날개를 달아준 IT

   1990년대 새로운 시대가 열렸다. 이른바 영상의 시대, 신세대의 세상이었다. 1980년대 군사정권이 막을 내리고 한국 사회 전반에 걸쳐 새로운 기운이 물씬한 가운데 이전까지 할리우드에 밀렸던 한국 영화가 대중문화의 핵으로 떠올랐고 가요계에서도 가창력보다는 춤과 외모, 랩 실력을 앞세운 아이돌 그룹이 출몰하기 시작했다.

   뮤직비디오는 장르를 막론하고 신곡 발표의 필수품으로 여겨졌으며 애니메이션은 아이들의 전유물에서 벗어나기 시작했다. 또한 정보 전달 매체이자 여론의 향방을 이끄는 정치적 메신저로서 방송의 영향력이 신문을 앞지르기 시작했다(1990년대 초반까지만 해도 방송사와 신문사 시험에 모두 합격한 사람 중에는 좀 더 힘 있는 매체에 투신하겠다는 생각으로 신문사를 택하는 일도 있었다).

영상에 대한 주목은 활자 매체인 신문과 출판에까지 영향을 미쳤다. 신문사들은 기사의 내용도 중요하지만 어떻게 하면 독자들의 눈을 사로잡는 지면을 만들지 고민하기 시작했다. 지면의 컬러화와 가로쓰기, 순 한글 표기 등이 가속화되었고 한 면에 들어가는 글자의 수도 크게 줄어들었다. 기사나 지면이 너무 빽빽하면 독자들이 잘 읽지 않는다는 생각이었다. 따라서 한 면에 들어가는 기사의 개수도 자연스럽게 줄어들었고 그 자리에는 큰 사진과 그래픽 등이 들어서기 시작했다. 1990년대 이전의 신문들과 오늘날의 신문을 비교해보면 그 차이는 어마어마하다. 출판계도 마찬가지였다. 행간을 넓히고 좌우 여백을 많이 주고 소제목을 달아 시원하게 편집한 책들이 대세를 이루기 시작했다. 보기에 좋지 않으면 읽지 않는다는 것이 그 당시 사람들의 일반적인 생각이었다.

읽기가 이러니 쓰기는 말할 것도 없었다. 사람들이 문자보다 이미지를 더 쉽게 받아들이고 구사할 수 있다는 전제하에 구텐베르크의 인쇄술 발견 이후 계속된 문자의 시대가 종말했다는 거대한 이야기들이 떠돌아다녔다. 과학기술의 발달로 무엇이든 말만 하면 인식하고 작동하는 로봇의 시대가 곧 온다는 성급한 전망을 하는 이들도 있었다. 그 이야기들을 듣고 있으면 인간은 더 이상 글을 쓸 필요가 없어 보였다.

20여 년이 지난 지금 상황은 어떤가. 많은 이의 예상과는 달리 문자의 영향력은 전혀 줄어들지 않았다. 아니 오히려 글과 글쓰기는 과거보다 그 쓰임새의 범위가 훨씬 넓어졌다. 물론 영상의 시대라는 사실도 여선하다. 영상이 전통적인 문자의 영역을 침범한 것은 분명하다. 하지만 영상도 문자도 새로운 영역을 개척하면서 각자 더 넓게 퍼졌다. 모두 IT라는 새로운 기술이 만들어낸 결과이다.

1990년대 중반을 넘기면서 IT, 즉 PC와 인터넷, 휴대전화가 급속도로 사람들의 삶을 파고들기 시작했다. 학생과 직장인을 중심으로 보급되기 시작한 퍼스널 컴퓨터는 이내 생활필수품으로 자리 잡았다. PC 통신이 여론과 대세의 중심 채널로 등장했고 '정보의 바다'라는 인터넷 세상이 본격적으로 열리면서부터는 아예 컴퓨터 없이는 대화할 수 없을 정도가 되었다. 1인 1휴대전화 시대도 순식간에 이루어졌다. 그리고 PC, 인터넷, 휴대전화는 잠시 주춤했던 글쓰기를 다시 소통의 중심으로 확고하게 돌려놓았다.

PC는 기본적으로 문자를 기반으로 작업이 이루어진다. 그래픽, 동영상, 이미지도 적지 않은 비중을 차지하지만 보통 사람이 사용하는 컴퓨터 작업의 대부분은 문서와 관련된 일이다. 인터넷은 말할 것도 없다. 가장 많이 사용하는 이메일은 기본적으로 글로 주고받는 소통이다. 포털에서 정보를 찾으려면 우선 내가 검색하고자 하는 내용을 키보드에 입력해야 한다. 누군가의 글에 반응을 보이려고 해도 댓글이라는 글쓰기를 해야 하고 카페라는 가상의 공간에서도 모든 의사

소통은 글이 기본이다. 떨어져 있는 사람과 이야기를 하기 위한 수단이었던 전화는 이제 문자를 주고받고 인터넷을 검색하고 SNS 수다를 떨 수 있는 쓰기의 수단으로 진화했다. 말하자면 우리는 지금 하루가 다르게 변화하는 온라인 글쓰기의 세상을 살고 있다. IT라는 새로운 기술은 현대인의 삶에서 문자가 차지하는 비중을 전에 없이 넓혀 놓았고 이러한 변화는 IT 기술의 발전과 더불어 계속될 것이 틀림없다.

하지만 IT가 단지 글을 쓸 수 있는 매체의 종류만 늘려 놓은 것은 아니다. 글을 쓸 기회 자체도, 글을 써야만 하는 상황도 엄청나게 많아졌다. 비즈니스 이메일의 경우처럼, 과거에는 말로 하던 것을 글이 대신하는 경우가 부지기수다. 온라인 쇼핑몰을 예로 들어 보자. 사이트에 올라와 있는 상품 설명을 어떻게 하느냐는 곧 매출과 직결된다.

과거에는 매장을 찾아가 일일이 흥정해야 했지만 이제는 글을 읽고 글로 질문하는 것만으로도 판매와 구매가 얼마든지 가능한 세상이다. 예전에는 장사하는 사람이라면 굳이 글을 쓸 필요가 없었지만 지금은 그렇지 않다는 얘기다. 또 실제로 만나야만 할 수 있던 일들을 이메일이 상당 부분 대신하면서 전혀 모르는 사람과 글로 일 얘기를 나눠야 하는 경우도 빈번해졌다. 누군가를 직접 만났을 때의 느낌과 글을 통해 처음 접하게 되었을 때의 느낌 차이를 비교해보면 IT 시대에서의 글의 중요성을 짐작하고도 남을 것이다.

굳이 일이나 학업과 관련된 것이 아니더라도 마찬가지다. 온라인 소설이나 팬픽처럼 온라인을 기반으로 한 글쓰기, 온라인 상에서만 사용되는 각종 표현이 오프라인에 영향을 미치는 세상이다. 악성 댓글이니 네티켓이니 인터넷 괴담이니 하는 것도 모두 IT가 만들어낸 새로운 현상이다.

개인적인 취미 생활을 하거나 자신의 정치적 견해를 피력하거나 혹은 뜻 맞는 사람들과 무언가를 함께하려고 해도 글쓰기가 없으면 아무것도 되지 않는다. 특히 블로그에서 페이스북에 이르는 다양한 SNS가 등장하면서 글쓰기의 범위는 더욱 넓어졌다. 이제는 글쓰기 없이는 사회활동 자체가 불가능하다.

다시 말해 인터넷이 없고 정보가 제한되던 시절에는 글쓰기가 권력을 가진 소수의 사람만 가질 수 있고 그들 사이에서만 요구되던 능력이었다면, 이제는 누구나 글을 써야 하고 글을 쓸 수밖에 없는 세상이 된 것이다. 인쇄 기술의 발명이 모든 사람이 글을 읽을 수 있는 초석이 되었던 것처럼 IT 기술은 누구나 글을 쓸 수 있고 써야만 하는 기반을 만들어준 셈이다. 상대방과 상황에 맞는 글쓰기는 IT 시대의 필수 역량이다. 단지 글을 쓰는 것이 아니라 '잘' 쓰는 것이 경쟁력이 된 것이다.

그런 점에서 IT 시대에는 누구나 글쓰기에 대해 이해하고 노력을 기울여야 한다. 매체와 환경이 달라졌다고 해서 글쓰기가 갖는 본질까지 달라지는 것은 아니다. 기본적으로 글쓰기는 다른 사람과의 소통을 위한 것이다. 온라인이든 오프라인이든 글을 쓰기 위해서는 읽기·말하기·듣기가 전제되어야 하고 하나의 글은 그 자체로 완결성을 가진다. 그만큼 글 쓰는 사람은 시간을 들여 자신의 역량을 다듬어야 한다. 글쓰기는 결코 하루아침에 이루어지지 않는다.

IT 시대의 보편적 글쓰기, 이메일

IT 시대가 만들어낸 글쓰기의 가장 대표적인 형식은 이메일이다. 전자우편이라는 우리말 뜻 그대로 이메일은 인터넷을 기반으로 한 편지다. 오프라인 편지와 마찬가지로 정보를 담기도 하고 의견을 밝히기도 하고 감정을 전하기도 한다. 편지든 이메일이든 그 목적은 설명과 설득 혹은 감정 교류에 있다. 하지만 이메일이 현대인의 삶에 미치는 영향은 편지와 비교도 할 수 없을 만큼 크다.

사람 사이에 글을 써서 주고받기 시작한 것은 아마도 문자의 역사와 거의 일치할 것이다. 커뮤니케이션 글쓰기의 원형이랄까. 우편 시스템이 발달하기 전에는 인편에 편지를 주고받을 수밖에 없었다. 가다가 사고가 생겨 편지를 전하지 못하게 되고 그 덕분에 한 사람의 인생은 물론이고 역사가 바뀌는 일도 잦았던 시절이다. 근대적인 우편 시스템이 생겨난 이후 인편이 집배원으로 바뀌고 전달의 속도와 정확도는 훨씬 나아졌다. 하지만 편지를 쓴다는 건 기본적으로 기다

림을 전제로 하는 행위였다.

지금도 편지를 주고받는 데는 바로 옆 동네에 보내더라도 최소한 하루가 걸린다. 그나마도 우체국이 문을 여는 평일 낮에만 가능하다. 혹 외국에 있는 사람과 편지라도 주고받으려면 거리와 운송 편에 따라 두 달 가까이 걸리기도 한다. 그러니 엽서에 편지를 쓰자마자 바로 우체통으로 달려간다고 해도 일상적으로 편지를 주고받기는 무리다.

하지만 이메일은 이 모든 것을 바꿔 놓았다. 누구나 컴퓨터와 이메일 계정만 있으면 언제 어디에서나 누구와도 소식을 주고받을 수 있다. 그것도 메일을 다 쓴 다음 엔터 키를 누르기만 하면, 실시간으로 상대방이 받아볼 수 있다. 한국에서 미국으로 메일을 보내는 데 걸리는 시간은 길어야 수십 초밖에 걸리지 않는다. 밤이든 낮이든 메일을 보낼 수 있고 같은 사람에게 하루에 수십 번 메일을 보낼 수도 있다.

게다가 비용도 들지 않는다. 이메일은 글쓰기의 역사에서도 획기적인 전환일 뿐만 아니라 인류 역사 전체를 놓고 보더라도 일찍이 인간에게 없었던 유용한 커뮤니케이션 수단이 틀림없다. 그래서 이메일은 생겨나자마자 빠르게 전 세계로 퍼져 나갔고 편지뿐 아니라 팩스, 전보, 심지어 말로 하는 전화와 면대면 대화까지도 잠식할 수 있었다. 1982년 공식적으로 세상에 등장한 지 꼭 30년이 된 이메일은 이제 사람들이 가장 보편적으로 쓰는 글이다. 이메일 덕분에 사람들은 여전히 말하기만큼이나 글쓰기로 소통하고 있다고 해도 과언이 아닐 것이다.

그렇다면 현대인들이 가장 많이 하는 글쓰기, 이메일은 어떻게 써야 할까. 이메일을 제대로 쓰는 데 필요한 기술적인 장치들도 있지만 여기서는 커뮤니케이션 글쓰기로서의 이메일이 가져야 할 기본에 관해 이야기해볼까 한다.

모든 일을 시작할 때 가장 먼저 생각해야 할 것은 그 일의 목적이다. 목적에 따라 무엇을 어떻게 할지가 달라지기 때문이다. 목적에 맞춰 일의 전체적인 방향을 잡고 그에 맞춰 구체적으로 해야 할 일들을 정해야 무리가 없다. 이메일도 마찬가지다. 이메일을 쓰기에 앞서 자신이 이메일을 쓰는 목적과 그에 따른 내용을 어림해보는 준비 작업이 반드시 있어야 한다.

가장 먼저 고려해야 할 것은 이메일의 목적, 즉 왜 이 이메일을 쓰는지다. 목적이 정해지면 전체적인 방향은 자연히 따라온다. 설명하려는 이메일이라면 내용이 무엇이든 정보를 공유하는 내용이어야 한다. 상대방이 알지 못하는 새로운 소식을 업데이트할 수도 있다. 설득을 위한 이메일이라면 어떤 주제에 대해 상대방의 의견과 나의 의견을 교환하고 둘 사이의 토론을 근거로 내 의견을 상대방에게 제시하는 내용이 주를 이룰 것이다. 그리고 감정 교류를 목적으로 하는 이메일이라면 상황은 물론이고 그에 대한 내 느낌을 표현하는 내용이 담겨야 한다.

목적과 방향에 따라 이메일에 담아야 할 내용과 구성도 결정된다. 정보를 업데이트하거나 무언가를 설명하는 이메일이라면 요점 정리 스타일이 제격이다. 글머리 기호를 사용해 전하고자 하는 바를 정리하는 것이 좋다. 결론을 먼저 내고 그것에 대한 설명이 뒤를 잇는 것이 자연스럽고 마지막에 한번 더 총정리해준다면 보다 충실한 설명이 이루어진다.

의견을 교환하거나 상대방을 설득하려는 메일은 이와 반대로 써야한다. 결론이 앞으로 나오면 다른 생각을 하는 사람은 거부감부터 들게 마련이다. 뒷부분을 자세히 읽지 않게 된다. 자기주장만을 강변하기보다는 다른 사람의 말, 특히 이메일 받는 사람이 했던 말을 인용하거나 자료를 동원해 자기주장을 뒷받침하는 것도 필요하다. 일방적으로 자기주장만 담고 있는 메일은 상대방을 설득하기는커녕 반감이나 반론에 대한 명분을 제공하기 때문이다.

감정의 교류를 위한 이메일이라면 우선 쓰는 사람부터 감정을 표현해야 한다. 이때 일화가 없으면 자칫 손발이 오그라드는 민망한 고백이 되기 쉽다. 연애편지를 생각해 보자. 무작정 사랑을 고백하기보다 둘 사이에 있었던 일이나 상대에 대한 첫인상 등을 진솔하게 풀어내는 것이 연애편지의 정석이다. 누구든 자신과 관련된 일화는 눈길을 주게 되고 쓰는 사람의 감정을 담아내기에도 적절한 매개가 된다. 일화가 과거에 일어났던 일이라면 그에 대한 자신의 느낌을 현재 상태로 표현하고 앞으로의 계획이나 제안을 시간 순으로 담아내는 추보식 구성을 한다면 감정의 교류가 한결 자연스러울 것이다. 목적, 방향, 내용이 잘 맞아떨어진 이메일은 일단 절반은 성공이다.

이메일 쓰기의 3C

그다음은 이메일 쓸 때 지켜야 할 원칙들이다. 이메일 쓰기의 원칙은 3C로 기억하면 좋다. 먼저 Concise, 간결해야 한다. 이메일은 분량의 제한이 없는데다 시도 때도 없이 보낼 수 있다는 점 때문에 아무 생각 없이 주저리주저리 이야기를 늘어놓는 사람이 적지 않다. 하지만 이메일의 본래 목적은 커뮤니케이션 글쓰기다. 따라서 무엇보다 내가 말하고자 하는 바를 오해의 여지가 없도록 명확하게 전달하는 것이 기본이 되어야 한다.

그러기 위해서는 문장도 구성도 간결한 것이 우선이다. 장식이나 덧붙임은 그다음이다. 특히 비즈니스 이메일은 구구절절 설명하기보다는 되도록 형식적으로 간결하게 쓰는 것이 좋다. 혹자는 이메일이 대화보다 메시지의 톤과 예의를 전할 여지가 현저히 떨어진다고 하지만 말하기가 그렇듯 이메일도 쓰기 나름이다. 간결함과 단순무식함은 다르다.

그다음은 Candid, 솔직해야 한다. 솔직하게 쓴다는 것이 모든 것을 다 드러내놓고 적나라해야 한다는 의미는 아니다. 이메일에 필요한 솔직힘은 두 가지로 구분할 수 있다. 우선 사실에 기반을 두고 씨야 힌다. 다른 모든 거뮤니게이션이 그렇듯 사실이야말로 이메일을 주고받는 사람이 가장 중요하게 생각해야 할 사항이다. 솔직하게 써야 솔직한 답변을 받을 수 있다. 설사 당장 진의를 감추어야 할 상황이라 해도 전략적 선택을 제외한 나머지 부분은 철저하게 사실에 근거해야 자신이 가장 강조하려는 메시지를 제대로 전달할 수 있다.

가끔 전혀 뜻 모를 소리를 하거나 모호하게 이야기 하는 사람들이 있다. 또 사실에 자신의 의견 혹은 상상을 보태 이야기를 만들어내거나 부풀리는 예도 있다. 그래서는 상대방이 무슨 말인지 제대로 알아듣기 어렵다.

그런데도 그런 사람 중에는 자기가 한 말은 생각지도 않고 못 알아듣는 상대방을 탓하기까지 하는 경우가 적지 않다. 말을 제대로 하지 않았는데 어떻게 제대로 알아들을 수 있겠는가? 이메일도 마찬가지다. 아니, 문자의 특성을 고려하면 솔직하지 않은 글은 심각한 오해, 나아가 소통의 부재로 인한 반감마저도 불러일으킬 수 있다.

솔직함은 간결함과도 통한다. 말은 직설적으로 하면서 글을 쓸 때는 지극히 형식적인 표현을 남발하는 사람들이 있다. 연설문이나 CEO 편지 같은 높은 사람들의 글쓰기에서 많이 나타나는 특징인데 솔직하지 못한 글쓰기의 대표적인 예다. 자신이 말하고자 하는 바를 있는 그대로 밝히기보다는 무언가 그럴싸하게 보여야 한다는 강박관념이 앞선 것이다. 이런 글은 대개 장황하지만, 정작 알맹이는 별로 없다.

정말 그럴싸하게 보이는 글은 미사여구나 형식에서 나오지 않는다. 자신의 생각, 의견, 혹은 감정으로 읽는 상대방과 솔직하게 대면하는 글이야말로 가장 힘 있고 멋진 글이다. 뻔한 표현은 지루하기도 할뿐더러 정작 자신이 하고 싶은 말에 대한 주의를 반감시킨다.

마지막은 Courteous, 예의가 있어야 한다. 언뜻 보면 앞서 말한 솔직한 이메일과 반대 의미로 생각하기 쉽지만 전혀 그렇지 않다. 궁극적으로는 솔직함과 통하는 이야기다.

여러 나라 사람들과 이메일을 주고받으면서 느낀 점이 하나 있다. 영어가 능숙한 사람들이 보낸 이메일은 대개 상대방에 대한 칭찬으로 글을 시작하고 그다음에 부족한 부분을 지적한 후 그에 대한 방법적, 혹은 감정적 대안을 제시하는 경우가 보통이다. 부정적인 부분도 사실이 주를 이루고 자신의 의견은 과하지 않게 담는다. 그래서 부담이 되거나 불편하긴 해도 감정이 상하거나 상처받을 일은 별로 없다.

반면 한글 이메일 중에는 대뜸 부정적인 내용으로 시작하는 경우를 종종 보게 된다. 심지어 처음부터 끝까지 한결같이 부정적인 경우도 있다. 그리고 마지막에 가서야 미안하다는 표현을 사족처럼 붙인다. 이래서는 아무리 내용이 타당하더라도 상대의 마음을 다치게 할 수밖에 없다. 영어와 한국어, 외국어와 모국어의 차이에서 오는 느낌의 차이도 있겠지만 상대의 감정을 배려하면서 하고자 하는 이야기를 분명하게 전하는 영어 이메일을 보면서 온라인상에서의 글쓰기에도 예의가 필요하다는 것을 새삼 깨달았다.

같은 내용이라도 말보다 문자가 더 강하게 받아들여지는 것은 앞에서 이야기한 바와 같다. 따라서 이메일은 기본적으로는 상대방에 대한 존중을 기반으로 소통이 이루어져야 한다. 특히 상대방의 말을 반대하거나 다른 생각을 전하는 경우처럼 부정적인 감정을 표현해야 할 때 내용에 대한 이해는 고사하고 감정적인 반발만 가져올 수 있다. 험한 말은 부드러운 말로 되돌릴 수 있지만, 험한 글의 잔상은 부드러운 글을 읽어도 좀처럼 지워지지 않기 때문에 더욱 조심해야 한다.

3C는 이메일이라는 글쓰기의 특성을 생각하면 당연한 원칙이다. 또 앞에서 이야기한 것처럼 서로 떨어진 개념이 아니라 상호 연결된 내용이다. 목적과 방향, 구성이 일관되고 3C가 갖춰진 이메일은 무엇을 이야기하든 목적을 달성하는 데 부족함이 없을 것이다.

호칭과 빨간 밑줄 그리고 제목

기업에 와서 회사 안팎의 사람들과 이메일을 주고받으며 몇 가지 흔한 실수들을 발견할 수 있었다. 이메일의 목적이나, 방향, 구성은 나쁘지 않은데 사소한 부분을 간과함으로써 공들여 쓴 글의 전체적인 이미지와 주목도를 떨어뜨리는 것들이었다. 대단한 기술은 아니지만 기억해두면 좋은 예를 몇 가지 소개하겠다.

우선 이메일의 처음은 호칭으로 시작해야 한다. 비즈니스 이메일에는 직급을 포함한 공적인 호칭이 어울리지만 친한 사이라면 그냥 이름을 불러도 좋다. 영어 이메일에서는 Dear 혹은 Hi 다음에 바로 받을 사람의 이름이 나온다. 같은 주제로 여러 번 주고받는 메일이 아니라면 100퍼센트 호칭으로 시작한다.

하지만 우리나라에서는 맨 아래 쓰는 사람의 이름에 '올림'과 '드림'을 달아 적으면서도 정작 받는 사람의 이름은 없는 경우가 많다. 서로 얼굴도 하는 일도 다 아는 사이에 이름을 부르는 것이 쑥스럽다는 것이다. 호칭으로 시작하라는 얘기는 상대에게 애교나 아양을 떨라는 뜻이 아니다. 이메일에 담긴 자기 메시지의 주목도를 높이고자 하는 다분히 이기적인 이유에서다.

자기 이름을 불러주는 것만큼 사람의 시선을 끄는 일이 또 있을까. 일단 자기 이름이 불리면 무슨 이메일인지 좀 더 자세히 들여다보게 되는 게 인지상정이다.

본문에서는 강조 형식을 남발하지 말아야 한다. 밑줄을 긋는다거나 글자의 색깔을 바꾸는 것 말이다. 중고등학교 때 공부하던 기억을 떠올려 보면 된다. 쓰는 사람은 중요하다고 생각하겠지만 읽는 사람은 그 부분만 읽고 나머지는 흘려버릴 위험이 크다. 그렇다면 굳이 빨간색 혹은 밑줄 한두 문장을 위해 몇 문단씩 글을 쓸 필요도 없다. 굳이 강조하고 싶다면 한두 번이면 충분하다. 빨간 줄도 여러 번이면 더는 빨간 줄이 아니다. 빨간색, 밑줄 같은 직접적인 형식보다는 강조하고 싶은 부분이 자연스럽게 드러나도록 하는 것이 다소 어렵더라도 훨씬 효과적이다.

마지막으로 제목에 신경을 써야 한다. 업무 관련 메일에서부터 짜증 나는 스팸메일에 이르기까지 하루에도 수십 통 이상의 이메일을 주고받는 직장인들에게 제목은 그 이메일을 열어 볼지 말지를 결정하는 중요한 기준 중 하나이다. 메일을 열어 보게 되는 첫 번째 기준은 자신이 보낸 메일에 대한 회신이고 그다음 기준은 보낸 사람, 그리고 제목이다. 첫 번째와 두 번째 기준은 바꿀 수 없다. 하지만 제목은 달기 나름이다. 포털의 뉴스를 생각해 보면 된다. 대부분의 사람이 기사를 열어 볼지 말지를 전적으로 기사의 제목으로 결정한다. 간혹 제목을 보고 재미있겠다 싶어 열어 보면 제목과 하나도 관련이 없는 내용의 기사를 보고 열 받기도 하는데, 이런 '낚시'도 이메일을 쓸 때는 긍정적으로 활용할 만하다.

예를 들어 이메일의 전체 내용을 한마디로 요약하는 단어, 이메일에 담긴 내용을 궁금하게 만드는 힌트를 제목으로 달아 놓으면 어지간해서는 열어 보지 않을 수 없다. 보도자료, 공지사항처럼 상대방에게 필요한 조건을 미리 분류해주는 것도 마찬가지다. 상황에 맞춰 눈길을 잡아끄는 제목을 달려면 먼저 제목부터 달아 놓고 이메일을 쓰는 것보다는 이메일을 다 써놓고 거기에 맞는 제목을 고민해 보는 것이 훨씬 좋다. 이는 제목을 달기 위해 써놓은 이메일을 한 번 더 읽어 보게 되니 틀린 글자나 어색한 표현들도 스스로 걸러낼 기회가 된다.

이메일의 종류는 물론 내용도 알 수 없고 내용에 대한 궁금증마저 불러일으키지 않는 제목은 전혀 읽어 보고 싶지 않게 만든다는 점에서 한마디로 '죽은' 제목이다. 애써 이메일을 써놓고 곧바로 휴지통으로 가는 일을 만들고 싶지 않다면, 제목에도 공을 들일 필요가 있다. 읽어 보고 싶도록 제목을 달아 보내면 상대는 일단 주목도가 높은 상태에서 읽을 수 있다.

글쓰기,
누구나 잘할 수 있다!

사람은 누구나 소통하며 살아간다. 소통을 잘하느냐 못하느냐의 차이가 있을 뿐이다. 소통을 잘하는 사람과 못하는 사람의 차이는 타고난 능력이라기보다는 경험과 노하우에서 비롯된다. 여기서 말하는 경험은 단지 한 분야에 오래 머물러서 생기는 직업적 경험만을 뜻하는 것이 아니다.

물론 어떤 분야에 대해 많이 알고 있으면 그에 대해 소통할 때 유리하겠지만, 지식의 양과 커뮤니케이션의 성과가 반드시 정비례하지는 않는다. 커뮤니케이션 자체의 경험 또한 중요하기 때문이다. 자신이 전달하고자 하는 내용과 그것을 전달하는 방법이 조화를 이룰 때에야 비로소 커뮤니케이션을 잘한다고 한다. 여기에 약간의 노하우가 더해지면 세련되거나 능숙한 커뮤니케이션이 이루어진다.

그렇다면 소통으로서의 글쓰기를 잘하는 사람과 못하는 사람의 차이는 구체적으로 어떻게 생기는 것일까. 글을 잘 쓰는 사람과 못 쓰는 사람의 차이는 과연 무엇일까. 이 질문에 대답하기 위해서는 우선 잘 쓴 글과 못 쓴 글을 비교해 볼 필요가 있다. 문학적 감수성, 미사여구, 유려한 표현 등은 다른 이야기다. 다른 사람과의 소통이라는 의사전달 측면만 놓고 보자.

우선 잘 쓴 글은 글을 쓰는 목적에 충실하다. 입시나 평가를 위한 글쓰기라면 출제자의 의도에 충실한 것이 최우선이다. 읽는 사람은 A를 기대하는데 엉뚱하게 B에 대해 잔뜩 늘어놓으면 결코 잘 썼다고 할 수 없다. 아예 받아들여지지 않을 것이기 때문이다.

예를 들어, 비즈니스 업데이트를 하는 글이라면 사업 현황을 한눈에 볼 수 있게 하는 것이 핵심이다. 지난번과 달라진 점은 무엇인지, 그 이유는 무엇인지가 나와야 한다. 글을 읽는 사람이 읽기 전에 가지고 있을 궁금증이나 생각을 파악하고 그 대답을 구해 글을 써야 한다.

잘 쓴 글의 두 번째 특징은 쉽게 혹은 많이 읽힌다는 것이다. 바꿔 말하면 읽는 사람의 주의를 끝까지 끌고 유지할 수 있어야 한다. 특수한 분야나 전문용어가 많아도 어렵지 않게 따라갈 수 있는 글이 있는가 하면 누구나 다 아는 얘기인데도 중간에 눈길을 거두게 되는 글이 있다. 전자는 쉬운 말로 쓰인 것은 물론 글의 구성이 짜임새 있고, 문단의 연결이 유기적이며 문장의 흐름도 자연스럽다. 내용에 관심만 있다면 누구라도 읽지 않을 수 없다.

반대로 글의 전체적인 구성이 엉성하거나 문단과 문단이 연결되지 않고 뚝뚝 끊어진다거나 문장이 늘어지고 부자연스러운 글은 읽다가 자꾸 딴생각을 하게 된다. 아니면 이해가 안 돼서 고개를 갸우뚱하거나 마음에 들지 않아 눈살을 찌푸리게 된다. 혹은 아예 글을 읽다 말게 된다. 결국 글이 전하고자 하는 바가 제대로 전달되지 않는 것이다.

마지막으로 잘 쓴 글이란 오래 기억되는 글이다. 사람들이 통상적으로 기대하는 범위를 넘어 무엇이든 그 글을 기억하게 할 만한 요소가 한 가지 이상 있는 것이다. 물론 내용상 특별한 것이 있다면 가장 좋겠지만, 매번 그럴 수는 없다. 그렇다면 글 자체로 읽는 사람의 눈길을 끌고 기억에 남을 만한 것들을 가지고 있어야 한다. 독특한 구성이나 기발한 제목처럼. 만약 똑같은 주제, 비슷한 수준의 글이라면, 사람들로 하여금 줄을 치게 하거나 베껴 쓰고 싶다고 느끼게 하거나 아예 통째로 저장해 놓는 글이 잘 쓴 글이다.

잘 쓴 글은 일반적으로 비즈니스를 이야기할 때 가장 필요한 세 가지 요소로도 설명할 수 있다. 첫째는 기획, 둘째는 생산, 셋째는 마케팅이다. 우선 글의 목적이 무엇인지 파악하고 그에 맞춰 자신의 글의 방향을 판단하는 것이 기획이다. 생산은 자신이 정한 방향에 맞춰 전체적인 글을 구성하고 그에 맞는 내용들을 적절한 수준으로 선택하고 배열하는 일이다. 그리고 마케팅은 글로 치자면 자신이 만들어 놓은 글을 다른 사람들이 더 많이, 잘 읽을 수 있도록 각종 형식과 장치들을 활용해 매만지고 다듬어 가치를 만들어내는 것이다. 대부분의 히트상품이 그렇듯 잘 쓴 글도 이 세 가지를 고루 갖추고 있다.

기획, 생산, 마케팅은 날 때부터 타고나는 능력이 아니다. 기업에서 이 분야의 전문가라는 이들을 보면 어릴 때부터 그 방면에 뜻을 세우고 있던 경우도 드물고 대학 때 관련 전공을 하지 않은 이들도 많다. 회사에 들어와서 우연과 환경에 의해 관심을 두게 되고 오랜 기간 학습과 훈련으로 만들어지고 다듬어지는 것이다.

글쓰기도 마찬가지다. 타고난 능력보다는 훈련으로 얼마든지 갈고 닦을 수 있다. 물론 훈련을 한다고 누구나 고속 성장하는 것은 아니겠지만, 최소한 훈련을 받아야 성장할 가능성이 있다. 저절로 얻어지는 능력은 아니기 때문에 글쓰기를 훈련한 사람과 그렇지 않은 사람의 차이는 벌어질 수밖에 없다.

글쓰기를 훈련으로 갈고 닦을 수 있다는 사실은 기자들을 보면 알수 있다. 기자들의 글쓰기는 철저하게 만들어지는 것이기 때문이다. 언론사에 들어오는 사람들이라고 해도 당장 기사를 쓸 줄 아는 사람은 별로 없다. 대학교에 다닐 때 학보사 기자를 했다면 모르겠지만 실제로 기사를 써본 경험이 없으면 언론사 시험을 오래 준비한 것과 상관없이 제대로 된 기사를 쓰기란 어렵다. 신문사에서 입사 시험을 감독하고 재점한 내 경험에 비추어 봤을 때 응시자들에게 간단한 기사를 써보라고 하면 열 명 중에 두세 명 정도만 쓸 수 있다.

그 해 내가 채점했던 시험은 몇 가지 사실을 주고 기사를 구성하는 것이었는데 응시자들의 글 중에는 웃지 못할 답안들이 많았다. 문제에 주어진 사실을 빠뜨리는 것은 물론이고 앞 문장과 뒤 문장이 정반대 이야기를 하는 경우, 문제에도 없는 기발한 상상을 더해 소설을 쓰는 경우, 심지어 신문기사임에도 방송 뉴스에서나 쓰는 '습니다'체로 기사를 만든 사람도 있었다. 평소 신문을 보면 누구나 쓸 수 있을 것 같다. 하지만 막상 기자가 되겠다는 이들이 이 정도니 눈으로 보는 것과 실제 해보는 것은 그만큼 다르다.

놀라운 사실은 6개월이 지나면 이런 이들도 누구나 기사를 쓸 수 있게 된다는 것이다. 언론사에 입사하면 3~6개월의 수습 기간을 거치는데 매체에 따라 강도의 차이는 있겠지만, 대체로 수습기자 훈련은 거칠다. 이 기간에는 글쓰기 훈련뿐 아니라 취재하는 능력과 요령도 배운다. 취재를 해야 기사를 쓸 수 있기 때문이다.

중도에 탈락하는 사람이 있긴 하지만 수습 과정을 견디고 나면 취재 훈련과 기사 작성 훈련이 어느새 몸과 머리에 선명하게 밴다. 이는 군사 훈련이라고는 전혀 받아 보지 않은 훈련소의 신병들이 단기간의 고강도 훈련을 통해 군인이 되는 것과 비슷한 과정이다. 그렇게 기본기를 다진 상태에서 시간과 나름의 경험과 노하우가 쌓이면서 글쓰기가 능숙해지고 개인 간에 실력 차이도 생기게 된다.

말하자면 글쓰기는 누구나 가질 수 있는 지식 자산이다. 글을 쓸 줄 알면 이로운 점이 많다. 앞서 말한 대로 듣기·말하기·읽기가 전제되어야 한다는 점에서 커뮤니케이션 능력을 향상시킬 수 있다. 이를 좀 더 확대해 보면 듣기와 읽기는 다른 사람과 나의 관계 혹은 세상의 변화에 민감해지고 다방면에 걸쳐 필요한 지식을 쌓을 수 있게 해준다. 말하기는 자신의 생각과 느낌을 분명하게 밝히고 사람들과 소통을 가능하게 한다. 그 모든 것의 결과로 글을 쓸 줄 안다는 것은 생각이 넓고 깊고 분명한 사람이 되는 길이다.

비즈니스 측면에서는 제대로 쓴 계약서, 적절한 이메일, 프레젠테이션 슬라이드는 모든 비즈니스의 기초다. 뿐만 아니라 글을 쓸 줄 아는 사람은 트렌드와 상황에 맞는 기획을 할 줄 안다. 또 이를 현실에서 구현할 수 있도록 다른 사람을 설득할 수 있으며 자신의 결과물을 빛나게 보이도록 할 줄 안다는 뜻이다. 종합적인 판단을 하거나 계획을 수립하는 일, 전략을 짜는 일처럼 고부가 가치를 창출할 수 있는 능력도 그만큼 크다. 이런 능력은 어느 분야에서나 가장 유리한 경쟁력이 된다.

잘 쓴 연설문으로 선거 판세를 뒤엎은 정치인들이나 효과적인 메시지로 직원들의 신임을 얻는 CEO, 블로그를 통해 온라인 논객이 되거나 시장에 영향력을 행사하며 권력을 가지는 이들도 생겨난다. 어떤 일을 하건 글을 쓸 줄 안다는 것은 절대적으로 유리하다. 자신의 몸값을 높이고, 분야를 막론하고 써먹을 수 있다면 글쓰기 경쟁력을 기르기 위한 훈련을 마다할 이유가 없다.

일단 글쓰기와 그 훈련의 필요성을 공감하고 무엇을 해야 하는지 알게 되면 글쓰기 자체는 그다지 어렵지 않다. 모든 것이 연결되어 있기 때문이다. 그다음부터는 끈기와 집중력의 싸움이다.

글쓰기의 전제가 되는 기본 원칙들과 글쓰기 훈련의 구체적인 방법에 대해서는 다음 장에서 이야기하기로 하자.

☞ 신입 기자의 글쓰기 훈련 ☜

　취재 부서의 수습기자들은 보통 각 부서를 며칠씩 돌며 뉴스 생산 과정을 익히고 그 전후로 사회부 경찰기자팀에서 집중 훈련을 받는다. 사건·사고 기사가 모든 취재와 기사 작성의 기본이 되기 때문이다.

　기자 훈련은 대체로 도제식으로 이루어진다. 같은 경찰서에 속한 선배가 직속 선임이 되어 아무것도 모르는 수습기자를 붙잡고 하나부터 열까지 일일이 가르쳐 주는 식이다. 경찰서, 병원, 대학, 구청 등 자기 구역 내의 기본적인 기관들을 정기적으로 돌아다니게 해 기삿거리를 찾고 취재하는 훈련을 시키는 한편 예고된 행사나 사건 현장에 데려가기도 하고 작은 인터뷰를 시켜 보기도 한다. 그 과정에서 잘못된 것은 바로잡아 주고 기본적인 원칙과 방법을 일러준다.

　따라서 어떤 선배 밑에서 수습 기간을 보내느냐에 따라 짧은 기간에 기자로서의 틀이 단단히 잡힐 수도 있고 처음부터 느슨하게 출발할 수도 있다. 수습기자 시절에 나는 두 명의 선배에게 훈련을 받았는데 성격은 달랐지만 두 사람 모두 꼼꼼하고 집요했으며 엄격했다. 꼼수나 요령을 부릴 엄두도 나지 않을 정도였다.

　사회부 수습 기간 첫날, 둘 중 더 선임이었던 선배는 내게 사회면의 모든 기사를 살인, 강도, 화재, 교통사고, 시위 등 종류별로 오려

수첩에 붙여 놓으라고 했다. 그리고 항상 가지고 다니면서 수시로 읽고 기사를 쓸 때 반드시 그대로 쓰라고 으름장을 놓았다. 솔직히 짧은 기사 쓰는데 그렇게까지 해야 하나 싶었다.

하지만 처음 가 본 화재 현장은 내 생각을 180도 바꿔놓았다. 눈앞에서 불이 번지고 소방관들과 피해자들이 뒤엉켜 아우성이 된 상황에서 어디서부터 무엇을 취재해야 하는 건지 눈앞이 캄캄해져서 거의 기사를 쓸 수 없었다.

상황이 종료되고 나서 선배에게 잔뜩 혼이 난 후 수첩에 스크랩해 둔 화재 기사를 찾아 가만히 들여다보았다. 지극히 전형적인 기사가 그 순간 다르게 보였다. 무엇을 취재하고 어떻게 써야 할지가 한눈에 들어왔다. 그 기사에 내가 본 화재 상황을 대입해 보니 바로 완벽한 화재 기사가 만들어졌다. 무섭기만 했던 그 선배는 글쓰기 훈련의 기본이 읽기와 따라 쓰기라는 것을 내게 가르쳐 주었다. 글을 어떻게 쓰는지 알려면 우선 비슷한 종류를 찾아서 읽고 전체적인 구성이나 표현에 익숙해져야 한다. 그리고 그다음에는 모범 답안을 따라 써 보면서 그것을 자신의 것으로 만들어야 한다. 수습기자들은 이런 일을 긴장 속에서 매일, 6개월간 반복한다. 그러니 자연스레 기사의 기본 틀이 몸에 밸 수밖에 없다. 그 시절의 나도 얼마 지나지 않아 더는 스크랩을 뒤적이지 않고도 기본적인 기사를 쓸 수 있게 되었다.

기사 작성에 어느 정도 기본에 익숙해졌으면 완성된 기사를 평가하고 수정, 보완하는 2단계 훈련이 이어진다. 모작이 기본 편이라면 이 단계는 응용 편이다. 이 역시 선배들의 몫이다. 기사를 써 가면 지도 겸 클리닉을 해주는데 좋게 표현해서 지도이고 클리닉이지 실제로는 기사를 잘근잘근 씹어 갈아 놓는 것이나 다름없다. 훈련을 위해 의도적으로 그렇게 하는 것이지만 문장 하나 단어 하나도 그냥 넘어가는 법이 없다.

나는 수습 기간 동안 문화부에서 한 선배에게 응용편 교육을 제대로 받았다. 그 선배가 주문한 기사는 원고지로 두어 장 분량의 짤막한 문화 단신이었다. 눈으로 보기엔 식은 죽 먹기였다. 게다가 이번에는 취재가 아니라 보도자료를 보고 기사를 만드는 것이어서 내심 '이 정도면 됐겠지' 하고 기사를 내밀었더니 굵은 빨간 색연필로 첫 단어부터 그어 버렸다(당시는 신문사에 전산 시스템이 갖춰지지 않아 원고지에 기사를 쓰고 손으로 수정하던 시절이었다).

선배는 원고지가 새빨개진 다음에야 기사를 돌려주면서 자신이 고쳐 놓은 대로 다시 써오라고 했다. 상처받은 자존심을 들키지 않도록 표정 관리에 애를 쓰며 다시 기사를 써 갔다. 하지만 이번에도 '퇴짜'였다. 빨간색의 비중이 약간 줄었을 뿐이었다. "다시!" 이 한마디에 나는 처음부터 기사를 다시 작성했다. 세 번째로 기사를 써 갔을 때, 선배는 여전히 마음에 들지 않는다는 표정이었지만 기사를 받아 주었다. 나는 선배에게 들리지 않게 한숨을 뱉었다.

다음날 비슷한 분량의 문화 단신이 다시 과제로 주어졌다. 전날의 쓰라린 기억 때문에 한 자 한 자 심혈을 기울여 쓴 다음 눈에 불을 켜고 몇 번이나 읽어 보았다. 이번에는 몇 번 만에 통과가 될지 걱정이 앞섰다. 하지만 이번에는 놀랍게도 선배가 눈으로 한 번 쓱 읽어 보더니 "제대로 썼네!"라는 말과 함께 OK가 떨어졌다. 빨간 색연필은 들지도 않았다. 그제야 나는 선배의 의도를 알아챘다. 선배는 내가 스스로 오류를 깨닫도록 하고 싶었던 것이다. 그리고 내가 실수를 통해 성장할 수 있도록 일부러 번거로움을 참아가며 가사를 고쳐주었다.

그후 나는 내가 기사를 쓸 때 어떤 실수나 버릇이 있는지 의식하게 되었을 뿐만 아니라, 기사를 어떻게 써야 하는지도 확실히 알게 되었다.

요즘 수습기자 훈련은 예전처럼 무지막지하지는 않은 모양이다. 또 인터넷 매체의 등장으로 언론사의 근무 강도가 세지면서 자연인을 기자로 무장시키기 위해 열과 성을 다하는 선배들도 갈수록 찾아보기 어려워진다. 대신 수습기자들이 알아서 자신을 훈련하도록 하는 추세다. 그 기간에 자신을 깨닫는 사람은 기자가 되고 아니면 할 수 없다는 분위기다. 하지만 예전에 했던 기사쓰기 훈련이 지금도 여전히 최선의 훈련임에는 틀림없다. 수습기자든 글쓰기 역량을 기르려는 보통 사람이든 간에 말이다.

비슷한 글을 골라서 찾아 읽고 그 글의 장단점을 마음에 새기면서 모방해 보고 자신의 글이 가진 오류를 발견해 스스로 이를 바로 잡아 나가는 것, 그것이 가장 원초적인 글쓰기 훈련의 정도正道이다.

2장

자기 주도적 사고의 증거물, 글쓰기

'똑똑한 바보'가
되지 말자

"요즘 애들 참 똑똑해."

직장 생활을 몇 년 하다 보면 누구나 하는 말이다. 스펙도 좋고 일 처리도 확실한 신입사원을 보면서 감탄할 때도 그렇지만 자기보다 젊은 직원들과 문화적으로 세대 차이를 느끼면서 반푸념할 때도 그 렇다. 전자에는 자신이 더 이상 저렇게 젊지 않다는 약간의 자기 연 민이, 후자에는 나도 한때 저렇게 똑똑했었다는 은근한 자기과시가 있다.

그런데 똑똑하다는 젊은 세대들이 그만큼 많이 듣는 이야기가 또 있다. "요즘 애들은 참 헛똑똑이야." 앞의 얘기와는 정반대의 평가다. 나는 두 가지 다 동의한다. 요즘 젊은 세대는 자기보다 앞선 세대에 비해 똑똑하기도 하고 헛똑똑하기도 하다.

내가 어떤 사람을 보고 '헛똑똑이구나'라고 느낄 때는 이렇다. 우선 아는 것이 많고 똑똑하다. 무엇을 물어보면 체계적으로 잘 정리해서 대답한다. "그래서 그에 대한 김 대리 생각은 어때?" 의견을 물으면 갑자기 분위기가 달라진다. 나오는 게 별로 없다. 침묵하거나 한참 뜸을 들이다가 결국 하는 소리가 대개는 엉뚱한 이야기다.

앞에서 상사가 했던 이야기를 되풀이한다거나 논란이 첨예하게 맞붙었을 경우에는 양쪽 입장을 그저 가지런히 늘어놓는다. 무슨 황희 정승도 아니고 둘 다 맞다는 것이다. 그도 아니면 특히 여학생이나 여자 직장인의 경우 "네, 좋은 것 같아요"라는 식의 호불호 대답이 돌아온다. 그나마 최고의 대답은 다른 회사의 사례나 책에서 읽었던 내용을 인용하는 정도인데 결국 어느 것도 "네 생각이 뭐냐?"는 단순한 질문에 대한 대답은 아니다. 그러니 헛똑똑이라는 생각을 할 수밖에 없다.

이런 헛똑똑이들은 일을 시키면 주어진 일은 나무랄 데 없이 잘한다. 하지만 주어진 일에서 한발 더 벗어나는 일은 거의 없다. 요령을 피우지도 않지만, 도전하려고도 하지 않는다. 굳이 고생을 감수하며 도전할 필요를 못 느끼기 때문이다. 하지만 그보다는 도전을 요구하는 상황 자체를 아예 받아들이지 못하는 게 더 큰 이유다. 만일 주어진 일을 수행하는 데 문제라도 생기면 문제의 원인을 파악해 해결책을 찾기보다는 그냥 문제가 생긴 지점에서 멈춰 버리고 만다. 윗사람을 바로 찾아가는 것은 그나마 적극적인 편이다. 어찌할 바를 몰라 미뤄두거나 끙끙 앓다가 제풀에 포기하는 때도 적지 않다.

신문사에서 후배 기자들을 보면서도 비슷한 생각을 했다. 요즘 새로 들어오는 기자들을 보면 내가 입사했던 20년 전과는 비교할 수 없을 만큼 똑똑하다. 가방 끈도 길고 스펙도 좋다. 토플 점수는 말할 것도 없고 외국 연수는 기본이다. 예의는 또 얼마나 바른지 우리나라가 분명 나아지고 있구나 싶을 정도다.

그런데 막상 취재를 시키거나 기사를 쓰게 하면 헛똑똑이구나 싶은 적이 여러번 있었다. 기삿거리를 찾아오라고 하면 당장 취재원을 만나거나 현장을 돌아다니기보다 인터넷부터 뒤적인다. 물론 인터넷 세대에게는 당연한 일이다. 간혹 그중에 정말 재미난 기삿거리도 더러 있다. 문제는 인터넷에 떠도는 이야기들을 마구잡이로 가져온다는 것이다.

현장을 가야 기자라고 한다면 너무 옛날식이다. 하지만 인터넷은 정보를 얻을 수 있는 소스 중 하나에 불과하다. 확인된 사실을 바탕으로 기사를 만들어내는 것이 기자와 취재 아닌가. 인터넷에 올라 있는 것을 그냥 긁어오는 것이 아니라 그 이야기를 확인한 다음 기삿거리로 만들어 와야 한다. 더구나 인터넷에 올라 있는 이야기들은 이미 알려질 대로 알려진 이야기이거나 다른 매체에서 여러 번 기사로 다룬 것들이 많다. 만일 기존에 나왔던 기사를 바탕으로 한다 해도 거기에 자신의 생각을 더해 완전히 새로운 기사를 만들지 않는 한 기사가 되지 않는다. 이런 기자들은 "그래서 네 생각은 뭔데?"라는 상사의 질문에 침묵하는 신입사원과 다르지 않다.

헛똑똑이보다 더 심각한 것은 똑똑한 바보다. 아는 건 잘 알지만 모르는 건 아예 모른다. 오직 자기가 관심 있는 분야에 대해서만 똑똑하다. 누구나 모든 걸 다 알 수는 없지만, 똑똑한 바보는 그 격차가 너무 크다. 요즘 세상이 어떻게 돌아가는지 모르는 것은 물론이고 함께 일하는 다른 사람이 어떤 일을 하는지도 모를 때가 많다. 주어진 일만 열심히 한다. 하지만 이런 사람들은 대개 평균 이상의 성과를 내지는 못한다. 당연하다. 몇몇 예외를 제외하면 일이라는 게 대부분 다른 사람, 다른 일과 연결되기 때문이다.

어떤 프로젝트를 시작하려면 그 프로젝트가 왜 필요한지에 대해 팀 전체가 공유하고 그와 관련된 최근 트렌드도 알고 있어야 한다. 그 분야의 추세를 꿰고 있으면 프로젝트 자체에 대한 접근부터 달라진다. 또 대부분의 프로젝트는 혼자서 할 수 없다. 어떤 사람이 어떤 일을 잘하는지 알아야 최상의 결과를 만들어 낼 수 있다. 나만 잘한다고 해서 되는 일은 별로 없다.

여러 사람이 일하다 보면 서로 이해관계가 충돌할 때도 있고 더 큰 것을 위해 내 것을 버려야 할 때도 있다. 내 할 일만 챙기는 똑똑한 바보에게는 기대하기 어려운 일이다. 기업이나 상사로서 숲은 보지 못하고 나무만 보는 직원은 큰 재목이라 평가할 수 없다. 나는 열심히 하는데, 알아주지 않는다고 불만인 사람들은 대개 여기서부터 문제를 인고 있는 경우가 많다.

똑똑한 바보들이 공통으로 보여주는 특징이 하나 있다. 자신이 잘 모르는 무언가에 대해 물어보면 재빨리 인터넷을 뒤져 알아낸 결과를 상세히 일러 준다. 하지만 자신이 알고 있는 분야에서와 마찬가지로 자기 생각보다는 검색해서 얻은 정보를 그대로 전달할 뿐이다. 수많은 검색 결과 중에서 왜 하필이면 그 결과를 선택했는지에 대한 자기 생각은 여전히 없다.

검색은 인터넷이 가진 장점 중 하나다. 문제는 인터넷이 '정보의 바다'라는 데 있다. 넓은 바다에서는 나침반과 지도가 없으면 목적지를 찾아갈 수 없다. 무작정 항해하다 풍랑이라도 만나면 좌초하고 만다. 정보의 바다도 마찬가지다. 스스로 나침반이 되지 않으면 길을 잃기 십상이다.

수많은 정보 중에서 자기 나름의 기준을 가지고 가장 필요한 정보를 걸러낼 수 있어야 하는데 무작정 쏟아지는 정보 속에서 허우적거리기만 하면 검색을 통해 얻고자 했던 적절한 대답을 찾을 수 없다. 검색으로 얻으려는 지식이 고차원적일수록 정보의 홍수에 휩쓸릴 가능성은 더욱 높아진다.

요즘 젊은 세대 중에 똑똑한 바보가 많아진 결정적인 원인을 꼽으라면 단연 인터넷일 것이다. 과거에는 지식이나 정보를 접할 수 있는 수단이 제한적이었다. 신문, TV 아니면 책이 고작이었다. 그러나 지금은 '정보의 바다' 인터넷이 있다. 궁금한 것을 물어보기만 하면 마법의 상자처럼 무엇이든 답을 얻을 수 있다. 그러니 아는 것이 많아질 수밖에 없다. 하지만 단순 검색의 한계는 분명하다. 검색한 지식을 바탕으로 자기 지식을 만들려는 노력이 없으면 아무리 검색 지식이 많아도 똑똑한 바보가 될 뿐이다.

학원 위주의 사교육도 똑똑한 바보 양산에 한몫한다. 공부는 일차적으로 학생이 스스로 생각하고 찾아야한다. 그런 자기 노력 없이 학원과 강사가 떠먹여 주는 식으로만 공부해서는 결코 자기 공부가 되지 못한다. 수십만 원에서 수백만 원을 들여 학원을 전전하면서도 성적이 오르지 않는 이유도 여기 있다. 학원을 가더라도 스스로 공부하고 부족한 부분을 채우는 식으로 활용해야지 학원이 공부의 중심이 되어서는 곤란하다. 요즘 주목받는 자기 주도 학습이라는 것도 무조건 학원을 가지 말라는 것이 아니라 학원을 포함한 공부 전반을 학생 스스로가 동기와 목적을 부여해 자신이 이끌어 가야 한다는 의미일 것이다.

똑똑한 바보의 한계는 글쓰기에서 가장 잘 드러난다. 목적에 맞는 글을 쓰기 위해서는 수많은 정보와 지식 중에서 내게 필요한 것이 무엇인지 가려내고, 그 정보를 바탕으로 상황을 파악한 후 문제점과 대안까지 찾아야 한다. 말하자면 자기 주도적으로 생각할 수 있어야 한다.

하지만 정보를 쫓는 데 급급한 똑똑한 바보는 그렇지 못하다. 자기 주도적 사고가 모자란 결과 똑똑한 바보의 글은 단순 정보의 나열에 그치거나 글의 목적과 동떨어진 이야기가 되어버린다. 한마디로 글을 쓴 사람의 의견이나 개성이 전혀 드러나지 않는 '아무개의 글'이 되고 만다. 자기 생각이 정연하지 못하니 앞부분과 뒷부분의 내용이 서로 모순을 일으키기 쉽다. 논리적 일관성을 유지하는 것은 애초부터 불가능해진다. 이런 점은 단지 형식적으로 글을 세련되게 쓴다고 해서 가릴 수 있는 것이 아니다. 처음에는 매끄러운 듯 보이지만 어디에서든 허술한 구석이 금세 드러난다. 결국 글을 쓰는 데 들인 시간과 노력을 인정받지 못하는 것은 물론이고, 글 쓴 사람의 가치도 보여 주지 못하게 된다. 반대로 진짜 똑똑한 사람의 글에는 그 사람만이 가지는 내공이 고스란히 드러난다.

제발 똑똑한 바보는 되지 말자. 똑똑한 바보보다는 평범해도 노력하는 사람이 낫다. 노력하는 사람은 언젠가는 나아지지만, 똑똑한 바보는 스스로 똑똑하다고 생각하기 때문에 자신의 부족한 점을 보완하려는 노력에도 인색하다. 한마디로 자신이 바보인 줄 미처 깨닫지 못한다. 역시 바보는 바보다. 똑똑한 바보들이 넘치는 세상에서는 진짜 똑똑한 사람의 가치도 그만큼 빛을 발한다.

똑똑한 바보가 되지 않으려면 스스로 생각하고 그 결과를 글로 써 보는 것이 최선의 예방책이다. 글쓰기를 훈련하기 위해서도 가장 먼저 자기 주도적 사고부터 시작해야 한다.

똑똑한 사람도 바보로 만드는 따 붙이기

컴퓨터와 인터넷의 등장은 글쓰기에 여러 변화를 가져왔다. 글을 쓸 수 있는 매체가 많아지고 그 덕분에 글쓰기 기회가 크게 늘어났다는 것은 긍정적인 변화다. 하지만 부정적인 변화도 적지 않다. 검색 지식이 대세를 이루면서 글을 쓰는 데 가장 필요한 스스로 생각하는 능력을 크게 떨어뜨린 것이 대표적이다.

컴퓨터와 인터넷이 자기 주도적 사고의 결핍만큼이나 글쓰기에 부정적인 영향을 미치고 있는 것이 또 있다. 바로 Cut & Paste, 즉 따 붙이기다. 자기 주도적 사고의 결핍이 내용적 악영향이라면 따 붙이기는 형식적 악영향이다.

컴퓨터 문서작업에는 잘라내기, 복사하기, 붙이기 등의 기능이 포함되어 있다. 이를 활용하면 텍스트는 물론이고 이미지까지도 얼마든지 필요한대로 따서 붙이기가 가능하다. 매우 편리한 기능이다. 아무리 긴 문장이라도, 심지어 수십 장의 문서도 커서와 엔터 키 몇 번이면 그대로 만들 수 있으니 말이다.

잘라내기, 복사하기, 붙이기는 인터넷에서도 빼놓을 수 없는 기능이다. 인터넷에서 검색할 수 있는 문서는 일부러 막아 놓지 않는 한 마우스 오른쪽을 눌러 복사를 하거나 필요한 만큼 잘라다 다른 문서에 붙일 수 있다. 온라인 신문처럼 아예 스크랩 기능을 친절하게 설정해 두고 퍼가기, 퍼담기를 편리하게 만들어 놓은 사이트도 적지 않다.

덕분에 정보의 바다인 인터넷에서는 따 붙이기가 새로운 작업 형태로 자리잡았다. 지적재산권을 침해하지 않는 한 수많은 정보를 골라 자신의 사이트에 올리거나 블로그를 꾸밀 수 있다. 잘 활용하면 일일이 만들지 않고 이미 있는 자료에 약간의 수고를 더하는 것만으로 얼마든지 새로운 자료를 만들어 낼 수 있으니 참 편한 세상이다.

하지만 글을 쓸 때 따 붙이기는 반드시 피해야 할 것 중 하나다. 별다른 노력 없이 완벽한 아이디어로 좋은 글을 쓴 것처럼 보일 수 있으니 누구라도 혹할 법하다. 실제로 인터넷 시대가 열리고 나서 논문, 소설 가리지 않고 표절 시비가 끊이지 않고 있다. 대학교수들이 학생들의 리포트를 채점할 때 가장 먼저 인터넷에서 찾아 베꼈는지 살펴본다고 할 정도다.

남의 글을 자기 글에 붙이는 것은 공짜로 음원을 다운로드하는 것 이상의 도둑질임이 분명하다. 하지만 굳이 윤리적 차원이 아니더라도 글쓰기 훈련을 하는 사람이라면 이것은 절대 하지 말아야 하고 해서도 안 되는 일이다. 앞에서 글쓰기 훈련법의 하나로 모작을 이야기했던 것과는 정반대의 이유에서다.

연필로 베껴 쓰든 컴퓨터로 타자를 치든 모작은 손을 사용함으로써 머리가 글에 익숙해지게 한다. 반면 같은 복제라 하더라도 컴퓨터에서의 따 붙이기는 이런 과정이 없다. 말 그대로 따다 붙이는 것뿐이며 글쓰기를 위해 스스로 하는 노력은 아무것도 없다. 노력을 들이지 않으니 얻는 것도 없다.

그렇다면 다른 글을 따 붙이되 기본 틀만 빌려 오고 이를 바탕으로 일부를 보완하는 것은 어떨까. 통째로 베끼는 것도 아니고 내 글을 더했으니 도둑질이라고는 할 수 없을 것이다. 하지만 윤색을 하더라도 그 역시 일종의 따 붙이기이므로 미치는 악영향 역시 그대로다.

제한적 따 붙이기의 폐해는 신문사에서 일찌감치 깨달았다. 내가 기자가 되었던 1990년대 초반까지만 하더라도 모든 기사는 전부 손으로 썼다. 기자들에게 제공되는 보도자료도 마찬가지였다. 팩스나 우편으로 보내는 일도 있었지만, 대개는 홍보팀 직원이 타자기나 워드프로세서로 작성한 것을 대량으로 복사한 다음 언론사를 찾아와 기자에게 직접 전달했다. 그러면 기자는 그 보도자료를 펼쳐 놓고 눈으로 읽으면서 손으로 기사를 썼다. 그 과정을 통해 보도자료는 기사로 변했다. 같은 내용을 다루고 있더라도 기업이나 관공서의 일방적인 생각이 담긴 보도자료 그 자체로는 기사가 되지도 않고 될 수도 없다.

하지만 인터넷과 이메일이 자리 잡은 이후 보도자료는 다른 문서들과 마찬가지로 온라인 상에서 주고받기 시작했다. 보내는 사람도, 받는 기자도 온라인이 훨씬 편리하기 때문이다. 이제는 기자를 직접 만나 보도자료를 주더라도 반드시 이메일로 다시 보낸다. 이메일에는 첨부 등에 문제가 생길 때를 대비해 보도자료를 다운로드할 수 있는 웹하드 주소를 적어 놓는 것도 PR 기본 예절 중 하나다.

온라인으로 받은 보도자료는 기자들이 자연스레 따 붙이기를 하게 만들었다. 이메일로 받은 보도자료를 일부러 출력해서 기사를 쓰는 기자는 거의 없을 것이다. 모니터에 보도자료를 띄워 놓고 창을 바꿔 가며 기사를 쓰는 이들도 그리 많지 않다. 대개는 보도자료를 복사해서 새 문서에 옮기거나 아예 보도자료 상태에서 기사를 만들어 다른 이름으로 저장한다. 온라인 세계의 편리함을 활용하는 셈이니 당연하다고 할 수도 있다.

하지만 조금만 생각해 보면 이는 심각한 변화다. 보도자료를 띄워 놓고 기사로 만드는 것과 눈으로 보도자료를 보면서 기사를 새로 쓰는 것은 전혀 다른 얘기다. 전자가 보도자료라는 완성된 그림에 기사를 덧칠하는 것이라면, 후자는 보도자료라는 밑그림에 새로 그림을 그리는 것에 비유할 수 있다. 당연히 전자는 기사가 아니라 보도자료에 충실할 수밖에 없다. 특히 기사를 쓴 지 얼마 되지 않은 젊은 기자들이 보도자료 따 붙이기로 기사를 쓰기 시작하면 기자로서의 자기 생각이 아닌, 보도자료를 만든 기업이나 관공서의 논리를 그대로 빌릴 가능성이 높다. 자기만의 관점을 가지거나 반대 방향의 기사를 쓰는 것은 거의 불가능하고, 심하면 보도자료 없이는 기사 쓰는 데 애를 먹기도 한다. 그런 기자들을 위해 요즘은 아예 보도자료를 완벽한 기사 형식으로 써서 제공하는 기업들도 적지 않다. 기자로서는 관련자 인용이나 사례 한두 가지만 바꾸면 되니 훨씬 편하다. 더러는 아예 기사식 보도자료를 전제하다시피 하는 경우도 적지 않다. 온라인에서 거의 토씨 하나 틀리지 않고 똑같은 내용의 기사들이 수십 건씩 떠 있다면 100퍼센트 보도자료를 전제했다고 보면 된다.

글쓰기 훈련을 받은 기자들도 이러니 보통 사람이 따 붙이기를 할 때는 말할 것도 없다. 인터넷에서 찾은 자료를 따 붙여 거기에 살을 붙이겠다고 생각해서는 절대 자기 글을 쓸 수 없다. 자신이 쓴 글을 가지고 토론을 시켜 보면 따 붙이기를 얼마나 했는지 대번에 알 수 있다. 많든 적든 따 붙이기를 한 사람은 글을 말로 바꿀 뿐, 글에서 한 발짝도 나가지 못한다. 글의 수준이 높거나 분량이 길수록 남의 글을 자기 것인 척하기는 더 어렵다. 인터넷에서 마구잡이로 따 붙이기를 하면 결국 그 피해는 자기에게 돌아온다.

따 붙이기는 똑똑한 바보가 되는 지름길이다. 인터넷을 정보의 소스로 적극 활용하되 찾은 자료들은 스스로 이해하고 분석한 다음, 글을 쓸 때는 완전한 백지에서 시작해야 한다.

세상 만물은
연결되어 있다

똑똑한 바보가 되지 않으려면 스스로 생각해야 한다. 그런데 무엇을 어떻게 생각해야 하는 걸까. 사실 이것부터 생각해야 한다.

'하나를 가르치면 열을 안다'는 옛말이 있다. 비슷한 말로 '척하면 착이다'는 표현도 있다. 한마디로 총명하다는 뜻이다. 어떻게 하면 하나만 가르쳐 주었는데도 열까지 알 수 있을까? 간단하다. 하나에서 둘로, 둘에서 셋으로, 셋에서 넷으로 아는 것을 늘리면 된다. 이는 단순히 아는 것의 개수나 종류를 늘린다는 말이 아니다. 하나에서 둘로 가는 고리를 찾고, 둘에서 셋으로 가는 단서를 찾아 연결 지으면서 열까지 지식을 넓힌다는 말이다.

하나에서 바로 열로 갈 수 없듯이 세상의 모든 것은 연결되어 있다. 외따로 존재하는 것은 없다. 사람이 결코 혼자서 살 수 없는 것처럼 모든 현상에는 이유가 있고 배경이 있으며 그것이 미치는 결과가 있다. 하나의 사건은 또 다른 사건으로 반드시 이어진다.

고등학교 세계사 수업과 문학, 영화 심지어 만화를 통해서도 널리 알려진 역사적 사건을 예로 들어 보자.

1789년 프랑스에서는 시민혁명이 일어났다. 7월 14일 바스티유 감옥 습격으로 시작된 혁명은 1793년 루이 16세와 왕비 마리 앙투아네트가 단두대에서 목이 잘리면서 정점에 달했고 1794년 로베스피에르가 처형되면서 막을 내렸다. 익히 알려진 대로 프랑스 혁명은 르네상스 인본주의에서 파생된 계몽주의, 프랑스 구체제 '앙시앵 레짐'의 불평등한 신분제도와 절대왕정의 모순, 인구 증가와 도시의 성장, 물가상승 같은 사회경제적 변화 등이 맞물려 일어난 사건이다. 구체적으로는 미국 독립전쟁 지원으로 인한 나라 재정의 파탄, 삼부회의 개최와 평민 의원들의 테니스 코트 서약 등이 혁명의 촉발제가 되었다. 어느 날 갑자기, 혹은 바스티유 감옥 습격이라는 돌발적 사건에 의해 생겨난 일이 아니라는 얘기다. 그리고 프랑스 혁명 결과 전 유럽에서 민주주의와 시민사회가 싹을 틔우기 시작했고 산업혁명과 더불어 자본주의 시대가 열렸다.

프랑스에서 스스로 황제가 된 나폴레옹이 등장한 것도 혁명 이후 계속된 외세와의 전쟁에서 국민 영웅이 되었기 때문이다. 단순하게 만 봐도 프랑스 혁명이라는 하나의 사건을 전후해 수많은 사건과 현상들이 줄줄이 연결된다. 굳이 200여 년 전 유럽의 역사를 예로 든 이유는 멀리 떨어진 큰 사건들은 연결의 흐름이 잘 보이기 때문이다.

하지만 요즘의 일상으로 범위를 좁혀 봐도 모든 것이 연결되어 있긴 마찬가지다. 언젠가부터 오토 캠핑을 즐기는 사람들이 많아졌다. 오토 캠핑 붐을 타고 아웃도어 브랜드가 블루오션으로 떠올랐으며 할리우드 영화에서나 보던 트레일러 하우스를 대여해 주는 신종 비즈니스까지 생겨났다. 왜 그럴까?

기자 시절 오토 캠핑 붐을 취재한 적이 있다. 그때 업계 사람들은 자동차의 대중화와 주 5일 근무제를 가장 큰 원인으로 꼽았다. 불과 10년 전만 해도 대부분의 회사는 토요일에도 일하는 주 6일 근무제였다. 그러다 2004년 정부가 주 5일제를 도입하자 사람들은 주말에 온전히 쉴 수 있게 되었다. 이틀이라는 여가가 생기자 여행이나 레저, 맛집에 관한 관심이 폭발적으로 늘어났다. 이와는 별도로 자동차 보유율도 급속하게 높아졌다. 1992년에 8.6명당 한대였던 자동차 보유율은 2005년에는 3.28명당 한 대로 세 배 가까이 늘었다.

과거에는 한 집에 한 대, 그것도 경제적으로 여유 있는 사람들이나 가질 수 있었던 자동차가 이제는 가족의 필수품이 된 것이다. 오토 캠핑 붐은 바로 이 두 가지가 맞아떨어진 결과다. 차가 있고 놀러 갈 시간이 있으니 오토 캠핑이 가능해졌다. 듣고 보면 지극히 당연한 얘기 같지만, 누구나 선뜻 대답할 수 있는 것은 아니다.

이처럼 모든 것은 서로 연결되어 있다. 더구나 세계화 시대가 열리고 언제 어디에서나 사람들과 교류할 수 있는 인터넷이 등장하면서 연결의 양상은 갈수록 복잡다단해진다. 예전에는 연결되지 않았던 것들이 이제는 떼려야 뗄 수 없는 관계로 묶이기도 한다.

경우에 따라서는 전혀 관련이 없어 보이는 것도 예상치 못한 경로를 통해 연결되어 있기도 하다. 이른바 '나비 효과Butterfly Effect'인데 할리우드 영화 제목으로 널리 알려졌지만 실은 1960년대 미국의 한 기상학자가 브라질에 있는 나비의 날갯짓이 미국 텍사스에 토네이도를 일으킬 수도 있다는 가정에서 출발해 만든 과학 이론이다.

사람과 사람 사이는 또 어떤가. 어디서 어떤 일을 하건 혼자서 할 수 있는 일은 거의 없다. 특히 기업에서는 거의 항상 팀으로 일하고 팀과 팀이 협력하는 일도 부지기수다. 기업들이 너나없이 팀워크를 강조하는 것은 일체감과 애사심을 심어주기 위해서이기도 하지만 실제 업무를 하는 데도 반드시 필요한 가치이기 때문이다. 자신이 하는 업무가 같은 팀 혹은 공동작업을 해야 하는 다른 사람, 나아가 회사 전체의 일과도 연결되어 있다는 것을 이해하는 사람과 그렇지 못한 사람이 만들어내는 결과물의 차이는 크다.

모든 일에는 원인과 결과가 있다. 나아가 그 일 자체는 원인과 결과를 가진 또 다른 일과 연결되어 있다. 생각의 출발점은 모든 것이 연결되어 있음을 아는 것이다.

맥을 짚어라

신입 기자들이 선배들에게서 자주 듣는 훈시 중에 "사건의 맥을 짚을 줄 알아야 한다"는 말이 있다. 맥을 짚으라는 건 맥락, 즉 사건이나 사람이 서로 연결되어 있는 것을 전제로 그 사이의 관계를 파악하라는 얘기다. 그리고 그 이면에는 단순히 직접 관련된 사실을 넘어 관계된 사실을 모두 챙기라는 뜻이 숨어 있다. 이 사건이 무슨 사건인지, 왜 일어났는지, 과거에 비슷한 사례는 무엇이 있었는지, 이 사건으로 이득을 보거나 손해를 보는 쪽은 누구인지, 앞으로 이 사건에 대한 전망은 어떤지 등이다.

관련된 자료를 뒤지고 사실을 챙기다 보면 그 사건 혹은 현상에 대해 좀 더 많은 것을 볼 수 있게 된다. 사건의 전모는 물론이고 그 사건이 그 분야, 혹은 더욱 넓은 영역에서 어떤 위치에 놓여 있는지 알게 된다. 그리고 그 속에서 남들이 미처 보지 못하는 것들을 찾아낼 수 있다. 물론 모든 사건과 현상에서 연결 고리를 찾아낼 수는 없다. 그리고 보이는 그대로 단순한 사건들도 있다. 하지만 적어도 평소에 맥을 짚는 훈련을 해놔야 복잡한 사건이나 커다란 현상에 마주쳤을 때 기사를 쓸 수 있기 때문에 그렇게 하는 것이다.

굳이 취재가 아니더라도 맥을 짚을 수 있게 되면 어떤 일이든 더 많은 것을 알아낼 수 있다. 어떤 일의 맥을 알게 되면 자연히 그 맥락에 들어 있는 다른 연결 고리들이 보이고, 그것을 따라가다 보면 맥을 알기 전에는 몰랐던 새로운 사실들이 보인다는 얘기다. 그리고 다시 그 사실을 시작점으로 놓고 또 다른 맥을 짚어볼 수도 있다.

학력은 낮아도 오랜 경험으로 그 바닥이 돌아가는 생리를 꿰고 있는 사람들을 스펙 좋은 젊은 세대가 따라가지 못하는 경우가 있다. 이것은 대개 맥락에 대한 이해의 차이에서 비롯된다. 사회나 역사, 논술 등 학습에서도 맥을 짚을 줄 아는 것은 대단히 중요하다. 외울 것은 많고, 한 번 시험 보고 나면 기억이 가물가물해져 결국 다른 시험을 볼 때는 또다시 외워야만 하는 사회, 역사 과목 공부의 악순환은 맥을 몰라 벌어지는 일이다. 프랑스 혁명의 맥락을 이해하면 굳이 각 사건의 발생 연도를 달달 외우지 않아도 순서대로 기억할 수 있다. 또 논술에서 비슷한 사례의 문제를 접했을 때 프랑스 혁명의 예를 들어 대답을 만들어낼 수도 있다. 맥을 이해하지 못한 단순 암기만으로는 결코 좋은 평가를 기대할 수 없다.

물론 모든 것이 연결되어 있기에 하나의 현상에 반드시 하나의 맥만 있는 것은 아니다. 어떤 맥락에서 현상을 바라보느냐에 따라 같은 사건도 얼마든지 다르게 설명될 수 있다. 다시 프랑스 혁명을 예로 들면 계몽사상도 하나의 맥이 될 수 있고, 프랑스 왕가의 재정파탄도 하나의 맥이 될 수 있다. 여러 맥 중에서 자신에게 가장 중요한 맥을 찾아내는 것이 포인트다. 수많은 정보 가운데 자기에게 가장 요긴한 정보를 선별하는 것과 마찬가지다.

사건이나 현상의 맥을 짚지 못하고 단지 그 자체만 들여다보는 것은 똑똑한 바보들이 흔히 저지르는 오류다. 사건에 묻혀 있으면 당연히 맥락을 보지 못한다. 사실 자체는 이해했으면서도 그것이 의미하는 바가 무엇인지 모르는 것이다. 물론 사실을 이해하는 것도 중요하지만, 하나의 사실 그 자체만으로는 큰 의미를 갖기 어렵다. 그리고 그 정도의 단순한 정보는 누구라도 얻을 수 있다.

똑똑한 바보들은 자기 자신과 관련된 맥도 잘 짚지 못한다. 자기가 하는 일 그 자체에만 열중하느라 다른 일, 다른 사람과의 연결을 보지 못하게 된다. 자신의 업무가 놓인 맥락을 이해하지 못하는 한 최선의 결과를 얻어내기란 거의 불가능하다. 결국 "머리 좋은 줄 알았더니 왜 이렇게 이해력이 떨어지느냐?"고 상사에게 핀잔을 듣기 쉽다.

혹 숲은 보지 못하고 나무만 본다는 말에 대해 나무 한 그루도 소중하다고 말하는 사람이 있을지 모른다. 맞는 말이다. 하지만 숲을 알고 나무도 아는 것과 오직 나무만 아는 것은 다른 얘기다. 숲을 알면 그 안의 나무도 어느 정도는 알 수 있지만 나무 한 그루를 아무리 자세히 관찰한들 나무가 속한 전체로서의 숲을 보기는 어렵기 때문이다.

세상 만물이 연결되어 있다는 사실을 아는 것이 생각의 시작이라면 연결의 양상, 즉 맥을 이해하는 것은 생각의 발전이다. 맥을 이해하지 못하면 어떤 생각도 오래가지 못한다.

생각의 지도 그리기

서로 연결된 사물이나 현상의 연결을 파악하려면 어떻게 해야 할까? 겉으로 드러나는 연결이라면 비교적 수월하겠지만 여러 겹으로 된 복잡한 연결이나 당사자들이 연결되어 있다는 사실을 밝히지 않으려 하는 상황이라면 맥을 짚기란 절대 쉽지 않다.

사건 A가 있다고 가정하자. 직접 관계된 사람들을 취재하면 저마다 하는 말이 다르다. 심지어 서로 정반대의 주장을 하는 때도 있다. 굳이 거짓말을 하지 않더라도 사람은 누구나 자기 관점에서 자신에게 유리한 방향으로 사건을 설명하려 하기 때문이다. 일본 영화의 거장 구로사와 아키라 감독이 대표작 「라쇼몽」에서 보여 주었듯이 누구의 시선으로 보느냐에 따라 같은 사건도 얼마든지 다르게 보일 수 있다. 연결 고리를 찾아내 보겠다고 자료를 뒤지고 발품을 팔아도 도무지 감을 잡기 어려울 때도 있다.

이럴 때 가장 좋은 방법은 '생각의 지도'를 그려 보는 것이다. 방법은 두 가지다. 우선 사건이든 현상이든 이슈든 지금 당면한 A를 가운데 원 안에 넣고 모든 정보를 그 주위에 늘어놓는다. 그런 다음 무엇이 주요하고 무엇이 부차적인지에 따라 핵심적인 정보들을 추려낸다. 이 방법에서는 이 '정보의 가지치기'가 가장 중요한데 사건을 이해하는 데 결정적이지 않은 정보들을 다 제거하고 나면 사건의 핵심에 좀 더 가까이 갈 수 있다. 몇 가지로 압축된 정보를 놓고 그 사이에서 연결고리를 찾아보면 뜻밖에 쉽게 실마리를 찾을 수 있다.

반대로 이것도 알아보고 저것도 찾아보면 일의 경중과 관계없이 그 안에서 헤맬 가능성이 높다. '정보의 가지치기'는 제한된 시간 안에 결론을 이끌어 내는 데도 매우 효과적이다. 무엇을 먼저 해야 하고 무엇을 나중에 해야 하는지, 혹은 아예 하지 않아도 되는지 판단하면 저절로 시간관리가 된다.

또 다른 방법은 A를 현재로 놓고 관련된 정보들을 과거부터 미래까지 재구성해 보는 것이다. A가 등장하게 된 배경이나 영향을 주었던 사건, A를 만든 사람들과 이유, A의 장단점, 비슷한 다른 사례들, A의 결과에 따른 미래에 일어날 일 또는 이에 대한 우려 등을 시간순으로 잡아 본다. 이는 전형적인 신문기사의 포맷이기도 한데 시간순으로 사건이나 현상에 접근하면 대개는 맥락이나 연결고리들이 잡힌다. 앞의 방법이 좀 더 창의적인 생각의 지도라면, 이 방법은 가장 무난한 생각의 지도다. 일단 익숙해지기만 하면 보다 쉽게 그릴 수 있다.

생각의 지도를 반드시 복잡한 도표나 그림, 혹은 컨설팅 회사에서 즐겨 사용하는 멋진 플로우 차트처럼 만들 필요는 없다. 간단한 문장으로 메모해도 좋고 아예 쭉 풀어서 글로 써도 상관없다. 생각의 지도 자체는 다른 사람에게 보여주기 위한 게 아니라 오직 나만의 자기 주도적 사고를 위한 것이기 때문에 나에게 가장 편안한 방법이 최고의 방법이다. 중요한 것은 지도의 형식이 아니라 지도의 결과다. 생각의 지도를 완성했을 때, 하나의 사건이나 현상에 대해 어떤 식으로든 큰 그림이 그려진다면 성공이다.

생각의 지도는 특히 잘 아는 분야보다 낯선 분야에서 빛을 발한다. 이미 알고 있는 것에 대해서는 굳이 생각의 지도를 그리지 않아도 어느 정도는 맥을 짚을 수 있다. 하지만 낯선 분야 혹은 전혀 모르는 분야에서는 생각의 지도가 주어진 상황을 가장 빨리 파악할 수 있는 요긴한 길잡이가 된다. 특히 신입사원이나 회사를 옮긴 사람처럼 통째로 낯선 환경에 있을 때는 생각의 지도를 그릴 줄 아는 사람이 훨씬 빨리 적응한다.

생각의 지도를 그렸다면 글쓰기의 절반은 된 셈이다. 생각의 지도를 그리는 과정은 어떤 주제에 대한 정보를 취사선택하고 그 사이의 관계를 논리적으로 연결 짓는 것이다. 이것이 바로 글의 구성을 잡아나가는 것과 같기 때문이다. 따라서 생각의 지도를 그려간 순서대로 글을 구성하면 논리적으로 무리가 없다. 사고의 맥을 짚어내고 쓴 글이니 글의 맥, 즉 문맥도 자연스럽다. 형식적으로 간결해 보이는 글이더라도 글 자체의 깊이나 입체감이 자연히 드러난다.

어떤 글을 써야 할 때 어디서부터 어떻게 시작해야 할지 막막하다면 생각의 지도부터 그려 보자. 아무리 복잡한 사물이나 현상이라도 정보의 가지치기를 하다 보면 생각의 지도가 서서히 그려지기 시작한다. 생각의 지도를 그릴 수 있다면 자기 주도적 사고의 첫 단계는 통과한 셈이다.

⊂ 기자가 새 담당을 맡았을 때 ⊃

기자들은 대부분 담당 분야를 가지고 있다. 기자가 취재하는 전문 영역이라고 이해하면 된다. 언론사에서는 편의상 정치, 경제, 사회, 문화, 국제, 체육 등의 커다란 영역으로 부서를 나눈다. 일반 기업으로 치면 인사, 재무, 영업, 홍보, 마케팅의 직무와 같은 셈이다.

한 부서는 다시 몇 개의 세부 영역으로 나뉘는데 문화부 같으면 문학, 출판, 미술, 음악, 종교, 영화 등이다. 기자들은 한 개 혹은 두 개의 분야를 맡아 그 안에서만 기사를 쓴다. 각 담당은 그 기자만의 고유한 영역으로 인정받는다. 그러니 같은 부서라 하더라도 문학과 가요 담당 기자는 서로 만나는 사람도, 쓰는 기사도 전혀 다르다. 바쁠 때는 옆자리 기자가 무슨 기사를 쓰는지 전혀 모르고 지낼 수 있고 그렇다고 특별히 문제가 생기지도 않는다. 일반 기업의 팀원 개념과는 다르다.

문제는 담당이 자주 바뀐다는 것이다. 특히 초년 기자들은 보통 2년 정도 터울을 두고 2~4개의 부서를 겪다. 5년 정도가 지나면 본인의 적성이나 회사 기여도를 생각해서 한 부서에 터를 잡게 되지만 그나마도 완전한 붙박이를 보장받는 것은 아니다. 말하자면 정치부 기자가 하루아침에 문화부 기자가 되기도 하고, 체육부 기자가 경제부 기자가 될 수도 있는 것이 언론사다. 일반 기업에서도 다른 직무로 자리를 옮기는 경우가 더러 있지만, 상대적으로 신문사보다 교육의 기회도 많고 일정 시간 인수인계니 적응 기간도 주어진다.

이에 반해 기자는 다른 부서로 발령을 받으면 다음날부터 새 일을 시작한다. 취재하고 기사를 쓴다는 얘기다. 미리 예정된 기사라면 큰 문제가 없지만, 기획기사나 대형 기사일 경우에는 사정이 다르다. 뭘 알아야 기사를 쓸 텐데 개인적으로 관심을 둬왔던 것이 아니면 하루아침에 새로운 분야에 대해 알 리가 만무하기 때문이다. 게다가 경쟁사 기자들은 자기보다 오래 그 분야에서 기사를 써왔던 사람들뿐 그렇다고 누구 하나 배려해주지 않는다.

그런데도 기자들은 새로운 분야에 빨리 적응한다. 사람마다 차이는 있지만, 대개는 한 달이면 그 분야 사람들과 대화가 될 정도로 그 바닥을 꿰고 있다. 기획 기사는 물론이고 특종이나 보다 심도 있는 시리즈 기사를 연재하기도 한다. 기자가 아닌 다른 업종의 사람들로서는 상상하기 어려운 일이다. 우스갯소리지만, 홍보 담당자들은 자기 분야에 새로 온 기자를 만나면 언제나 세 번 놀란다고 한다. 첫째, 생각보다 너무 몰라서. 둘째, 돌아가는 상황을 너무 빨리 파악해서. 그리고 마지막으로 취재를 마치거나 담당이 바뀌면 너무 금세 잊어버려서. 처음 이 이야기를 후배 기자들과 함께 들었는데 모두 박장대소하며 공감했다.

물론 바람직한 시스템은 아니다. '맨땅에 헤딩'도 이런 헤딩이 없다. 시간이 지나도 전문가를 양성하지 못하니 조직 차원에서도 손해지만 개인이 감당해야 하는 부담이 너무나 크다. 그런데도 기자들은 하루 만에 취재원을 만나고 독자들이 보기에 무리 없는 기사를 써낸다. 도 대체 어떻게 하길래 이런 일이 가능할까?

나는 기자 4년 차에 프로야구 기자를 하다 하루아침에 패션 담당 기자가 되었다. 패션을 담당했던 선배가 갑자기 회사를 떠나게 되면 서 벌어진 일이었다. 당시 패션은 일주일마다 고정 지면이 있었다. 당 연히 써놓은 기사가 있을 리 없었고 취재원 연락처도 부실했다. 그런 데 당장 톱기사부터 단신까지 한 면을 전부 채우지 않으면 안 되는 상 황이었다. 막막했다. 정신없는 초년 기자 시절, 내 옷도 제대로 챙겨 입지 못할 때였다. 패션에 대해서는 그야말로 일자무식이었다. 할 수 만 있다면 내가 신문으로 들어가 휑한 지면을 채워 넣고 싶은 심정이 었다. 어떻게 이렇게 무식하게 사람을 다루나 싶은 생각에 부아가 치 민 것도 잠시, 죽이 되든 밥이 되든 상을 차려야 했다.

우선 자료실에 내려가 신문철을 뒤져 몇 개월 치 패션 기사를 읽 으면서 어떤 기사들을 쓰는지 감을 잡았다. 그다음에는 그나마 있는 연락처와 기사에 자주 등장했던 기업의 홍보팀을 수소문해 최근 업 계 동향 및 추세를 파악하고 당장 쓸만한 아이템들도 잡아냈다. 처음 패션 기사를 쓰려니 용어, 형식, 사진 챙기는 것까지 하나도 수월한 일이 없었지만 일단 아이템이 정해지니 다음부터는 시간이 문제였다. 어떻게 며칠이 지나갔는지도 모를 정도로 정신없이 기사를 완성해 간신히 첫 패션 면 기사를 넘겼다. 다행히 "예전보다 지면이 젊고 화사해졌다"는 긍정적인 평가를 받고 나서야 한숨 돌릴 수 있었다.

그렇게 일주일을 겪고 나자 앞으로 할 일들이 자연스럽게 정해졌다. 주요 일정과 행사를 챙기고 우선순위를 정해 업계에 영향력 있는 취재원들을 만나기 시작했다. 한 사람 한 사람 만날 때마다 패션 지식 및 업계 돌아가는 상황이 차곡차곡 쌓이기 시작했고, 한 달 정도 지났을 즈음에는 그때까지 패션 면에 없었던 시리즈 기사도 기획할 수 있었다. 그리고 1년 반 뒤 문화부로 자리를 옮길 때까지 별 탈 없이 패션기자 생활을 마무리할 수 있었다.

당시에는 깨닫지 못했지만 지금 생각해 보면 패션이라는 낯선 분야의 담당을 맡아 내가 겪어야 했던 일련의 시간은 기자라면 누구나 한 번은 통과해야 하는 관문이었다. 동시에 한편으로는 생각의 지도를 그리는 과정이기도 했다. 전혀 모르는 낯선 분야, 새로운 담당을 키워드로 놓고 지난 기사들과 전임자라는 과거를 살펴보고, 유능한 홍보 담당자 등의 도움을 받아 그 분야의 현재 상황을 점검한다. 최근의 이슈는 무엇인지, 핵심 취재원이 될 만한 사람들은 누구인지 등. 그것을 바탕으로 자신이 만나야 할 사람들을 정리해 순서를 매겨두고 쓸 만한 기사들로 미래를 예측하는 것이다. 그러는 한편 이 분야의 특장점을 나름대로 분석하고 더욱 넓은 시각에서 자신이 맡은 분야가 언론 혹은 사회라는 큰 틀에서 어떤 위치, 역할을 하는지 몇 가지 포인트를 더하면 생각의 지도가 완성된다. 생각의 지도가 완성되면 자연히 자신이 할 일도 정해진다.

기자들이 새로운 담당에 적응하는 과정은 강도의 차이는 있지만 낯선 환경, 새 프로젝트에 직면한 사람이라면 누구에게나 유효한 자기 주도적 사고의 실례가 될 만하다. 나 역시 패션 담당 때의 혹독한 훈련 덕에 그 후로도 부서는 물론이고 회사나 업종을 바꿔 완전히 새로운 일을 맡을 때마다 같은 방식으로 비교적 짧은 시간 내에 적응을 마칠 수 있었다.

특히 새로 대학에 입학하거나 처음 직장생활을 시작하는 사람, 혹은 하던 일을 접고 새로운 프로젝트를 맡아 어디서부터 시작해야 할지 막막한 사람이라면 생각의 지도부터 그려 보자. 그래야 적응에 들이는 시간을 최소화할 수 있고, 자신의 전임자나 경쟁자와의 비교에서도 좋은 출발을 할 수 있다. 그리고 생각의 지도는 다양한 형식의 글쓰기를 통해 확연하게 그 결과를 보여준다.

So **What?**

생각의 지도를 그리는 작업의 순서는 가장 먼저 정보 가지치기를 하고 그다음은 골라낸 정보들을 나름의 논리를 가지고 배열하는 것이다. 이 과정은 힘들 수도 있지만 하다 보면 재미를 느낄 수 있다. 어마어마한 정보에 압도된 상태에서 벗어나 어찌 됐든 스스로 길을 찾아낸 것이기 때문이다. 하지만 이것으로 끝이 아니다. 지도를 그리는 이유는 길을 따라가 최종 목적지에 도달하기 위해서다. 생각의 지도 역시 정보의 가지치기와 논리적 배열을 통해 최종 결론에 이르러야 한다.

이메일, 사업계획서, 각종 보고서 중에는 정리가 깔끔하게 잘 된 것들이 있다. 꼭 필요한 정보들이 군더더기 없이 담겨 있고 그 정보들의 관계 또한 일목요연하다. 언뜻 보면 나무랄 데 없이 잘 된 글쓰기로 보인다. 매우 충실하게 작성된 문서들도 있다. 관련된 모든 정보가 빠짐없이 들어 있고 국외 데이터 등 누가 봐도 공을 많이 들인 표가 나는 문서들이다. 분량도 묵직하다. 하지만 두 가지 다 읽다 보면 어딘가 허전할 때가 있다. 정작 글쓰기에서 가장 중요한 것이 빠진 경우다. 정보들을 추려내고 나름대로 재구성한 결과가 무엇을 의미하는지에 대한 해석, 즉 자기 생각이 없다. 그런 문서에 무언가를 언급해야 할 상황이 되면 나는 딱 두 단어만 적어 넣는다. '소 왓So What?'

'소 왓?'은 우리말로 풀면 말 그대로 '그래서 뭐?'라는 지극히 단순한 질문이다. 하지만 그 질문에 대한 대답은 절대 단순하지 않다. 내가 작성한 문서에 대해 누군가 '소 왓?'이라고 물어본다는 것은 두 가지를 의미한다. 글을 쓴 사람이 하고 싶은 말이 무엇인지를 분명하게 밝히라는 것이다. 더불어 그 이면에는 내 글이 핵심 알맹이를 놓치고 있다는 부정적인 의미도 있다.

글을 쓴 사람 입장에서는 어느 것 하나 만만하지 않다. 혹시라도 높은 사람이나 많은 사람 앞에서 발표하는 경우라면 숨이 턱 막힐 만하다. 오랜 시간 공을 들여 수많은 정보와 데이터를 추려내고 나름의 논리를 확실하게 펼쳤다고 생각했는데 "그래서 어쨌단 말이냐?"는 피드백을 받는다면 황망한 일이 아닐 수 없다. 대개 이런 질문을 받게 되면 머릿속이 하얘져 버린다. 임기응변하려고 해도 사람인 이상 자신이 썼던 문서 속에서 다시 답을 찾게 된다.

하지만 '그래서 뭐?'라는 질문 자체가 거기에 없는 것을 물어보는 것이니 문서를 아무리 복기해봐야 답이 나올 턱이 없다. 앞서 했던 얘기에 좀 더 살을 붙이거나 다른 사례를 언급하는 것으로 순간적인 위기를 모면할 수 있을지 모르나 '그래서 뭐냐?'에 대한 궁극적인 대답은 될 수 없다.

그런 점에서 '그래서 뭐?'는 글을 읽는 사람보다 쓰는 사람이 스스로 먼저 해야 하는 질문이다. 그리고 생각의 지도를 그리는 마지막 단계에서 반드시 짚고 넘어가야 하는 절차이기도 하다. 수많은 정보를 추려내고 그것을 논리적으로 연결하는 것도 중요하지만, 그 결과가 무엇을 의미하는지 제시하지 못한다면 결코 생각의 지도를 완성했다고 할 수 없다. 스스로 추려낸 정보들과 그 정보를 늘어놓는 과정 자체에 함몰되어서는 곤란하다는 얘기다. 정보를 찾았으면 분석하고 의미를 찾아내야 한다. 생각의 지도가 제대로 완결되지 않는 한, 그 결과를 풀어내는 글 또한 예정된 부실 공사가 될 수밖에 없다.

생각의 지도가 다 되었다고 판단이 들면 반드시 스스로 '그래서 뭐냐?'는 질문을 던져 보자. 자신이 그린 생각의 지도에 제목을 달아보거나 최종 목적지를 정한다고 생각해도 좋다. 어느 편이든 나름 분명한 답을 내릴 수 있다면 성공이다. '그래서 뭐?'라는 질문에 스스로 대답할 수 있다면, 그다음은 자신이 이야기하려는 것을 더 쉽고, 논리적으로 보일 수 있도록 글쓰기 과정을 통해 가다듬으면 된다. 글을 완성한 다음 마지막으로 한 번 더 '그래서 뭐?'를 질문하라. 그때도 여전히 같은 답을 할 수 있다면 적어도 다른 사람에게 '그래서 뭐?'를 당하는 일은 없을 것이다.

나만의 관점을 가져라

'그래서 뭐?'라는 질문에 대답하기 위해서는 결국 자기만의 관점이 있어야 한다. 수많은 정보를 검색해서 걸러내고 그것으로 만든 논리의 결과를 자신의 사고와 언어, 글로 설명할 줄 알아야 한다.

자기의 관점이라고 해서 굳이 거대한 주의주장이나 이론적인 틀까지 갈 필요는 없다. 생각의 지도를 그릴 때부터 사실 자기만의 관점은 이미 개입된 상태이다. 수많은 정보 가운데 가장 핵심적이라고 생각되는 몇 가지 정보를 추려내는 가지치기 단계를 생각해 보자. 무슨 기준으로 그 정보들을 걸러내든 거기에는 자기 나름의 잣대가 있다. 똑같은 주제를 주고 똑같은 데이터를 제공하더라도 정보의 가지치기 결과가 똑같을 수는 없다. 사람마다 경험과 상황, 성향 등 여러 이유로 저마다의 기준을 가지고 있기 때문이다. 그것이 바로 가장 초보적인 자기만의 관점이다.

정보의 재구성도 마찬가지다. 정보 간의 관계는 결코 하나로 설명될 수 없다. 어떤 식으로 연결을 짓느냐에 따라 정보의 관계도, 순서도 얼마든지 달라질 수 있다. 그에 따라 필요한 부가 정보도 달라진다. 정보의 가짓수가 많으면 많을수록 경우의 수는 늘어난다. 정보의 가지치기와 마찬가지로 같은 개수의 정보를 준다고 해서 사람마다 만들어내는 연결이 똑같을 수는 없다. 이 단계에서도 개인의 관점이 분명히 개입한다.

문제는 그다음이다. 이제는 자신이 골라 논리적으로 구성한 자료들을 스스로 설명해야 한다. 이제까지의 정보 분석 및 재구성 결과를 어떻게 볼 것인지 해석해야 한다. 정보들을 연결 지었을 때 그것이 의미하는 바가 무엇이고, 겉으로 보이지 않는 숨은 의미는 무엇이며, 전망은 어떤지 등을 포함해 자신이 정보들을 재구성하는 지점마다 왜 이런 연결이 생겨나고 어떤 논리로 설명할 수 있는지도 스스로 밝힐 수 있어야 한다. 물론 결론은 단순하게 하나로 도출되지 않는 경우가 대부분이다. 그렇다면 무엇을 먼저 고려할 것인지에 대해서 판단을 내려야 한다. 그에 따라 앞으로의 할 일이 정해지고 필요하다면 새로운 생각의 지도가 또다시 만들어진다.

자신만의 관점으로 결론을 내리는 것은 정보를 취사선택하고 배열하는 앞 단계의 자기 관점과는 차원이 다르다. 앞 단계의 관점이 단순 가공이라면 뒤 단계의 관점은 재생산이다. 그러자면 맨 처음 정보의 선택에서부터 배열에 이르기까지 전 과정을 속속들이 알고 있어야 한다. 또 남과 다른 의미를 부여하기 위해서는 남들이 보지 못하는 사실, 생각하지 못하는 관점을 가져야 하는데 이는 그 사람이 이제까지 쌓아온 경험이나 지식, 사고력 등에 따라 달라진다. 그런 점에서 생각의 지도를 그리는 것은 일종의 창조적인 작업이며, 특히 마지막 단계에서는 단지 스스로 생각할 줄 아는 것뿐 아니라 독립적으로 생각할 줄도 안다는 의미에서 가장 고차원적인 자기 주도적 사고가 필요하다.

나만의 관점은 자기 주도적 사고의 다른 단계와 마찬가지로 저절로 길러지지 않는다. 항상 의식적으로 자신만의 관점을 가지려고 노력해야 한다. 그러려면 우선 지금까지 다른 사람들이 가졌던 관점부터 알아야 한다. 기존의 관점을 이해해야 그것과 다른 관점도 생긴다. 창의력도 마찬가지다. 나만의 관점을 더욱 넓고 깊게 발전한 것이 바로 창의력이다.

그런데 창의력과 창조는 다르다. 창의력이 100% 새로운 창조를 의미하는 경우는 많지 않다. 그보다는 기존의 것을 이해하고 그것을 좀 더 새롭게 혁신하는 과정에서 창의력이 발휘된다. 더구나 거의 모든 정보가 공유되는 현대에서는 이미 존재하는 것을 혁신하는 창의력이 대세가 될 수밖에 없다. 나만의 관점을 세우거나 창의력을 기르기 위해 기존의 것을 아예 등지고 완전히 새로운 것을 찾아 보겠다고 생각한다면 큰 오산이다. 그럴수록 오히려 기성의 관점을 철저히 알고 있어야 한다.

기존의 관점을 이해하는 가장 확실한 방법은 읽기다. 각종 문서와 데이터, 신문기사 등 대부분 자료는 읽기라는 행위를 통해 내 안에 축적된다. 그리고 그것을 바탕으로 반 발짝만 더 새로운 생각을 해보려고 노력하다 보면 서서히 자신의 관점이 세워진다. 그것을 풀어내는 것이 바로 글쓰기다. 글쓰기가 자기 주도적 사고의 결과물이라면 읽기는 자기 주도적 사고를 위한 밑거름이라 할 수 있다. 내가 하고 있는 일에 대해 나만의 관점을 가지기 위해서는 읽기와 쓰기가 필수다. 반대로 읽기와 쓰기라는 과정을 통해 나만의 관점이 정립된다. 어디서부터 접근해도 읽기와 쓰기 그리고 자기 주도적 사고는 긴밀히 연결되어 있다.

개념 있는 프레젠테이션을 해라

사회 전반에 걸쳐 다양한 형식의 발표 기회가 많아지면서 프레젠테이션이 커뮤니케이션의 중요한 영역으로 자리 잡았다. 기업에서는 모든 발표에 프레젠테이션 하는 것이 필수고 대학에서도 학과에 따라 다르지만 발표할 일이 있으면 프레젠테이션을 기본으로 여긴다.

많은 사람이 프레젠테이션을 발표, 즉, 말하기 커뮤니케이션으로 생각한다. 하지만 프레젠테이션은 단순 발표가 아니다. 발표할 내용을 글로 써놓고 그것을 보여주면서 설명하는 것이 프레젠테이션이다. 요즘은 당연히 슬라이드를 생각하지만 과거 차트를 놓고 하던 브리핑 같은 형식도 넓게 보면 프레젠테이션이다. 즉 프레젠테이션은 말하기와 글쓰기가 동시에 이루어지는 복합적인 커뮤니케이션이다. 따라서 프레젠테이션을 발표하는 데 필요한 원칙과 기술도 있지만 프레젠테이션 슬라이드를 만드는 데도 원칙과 기술이 따로 있다. 같은 내용을 어떻게 전달하느냐에 따라 프레젠테이션의 성과가 달라진다면, 같은 발표자라 하더라도 슬라이드에 담긴 내용에 따라 프레젠테이션의 결과가 달라지는 것 역시 마찬가지다.

많은 사람이 프레젠테이션 슬라이드는 보기 좋게 만들어야 한다고 생각한다. 하지만 외형보다 더 중요한 것은 내용이다. 아무리 예쁘게 만들고 세련되게 전달한다고 해도 기본적으로 슬라이드에 담긴 내용이 논리 정연하지 않다면 그 프레젠테이션은 결코 성공할 수 없다. 프레젠테이션의 목적은 '보여주는 것 present' 그 자체가 아니라 자신이 전달하려는 내용을 청중과 더욱 효과적으로 소통하는 것이다.

글쓰기 커뮤니케이션으로서의 프레젠테이션 슬라이드는 그 형식상 생각의 지도와 큰 차이가 없다. 생각의 지도를 그리는 과정을 그대로 단계별로 나눠 놓는다고 생각하면 된다. 프레젠테이션 슬라이드의 구성은 정보의 가지치기에서 시작한다. 복잡한 상황에 대해 긴 설명을 할 수 없는 프레젠테이션 슬라이드에서는 정보의 선별, 그리고 압축된 설명이 필수다. 정보의 방대함으로 자신의 똑똑함이나 성실함을 입증하려는 사람들도 적지 않으나 정보 그 자체는 아무리 많아도 발표하는 사람을 결코 똑똑하게 보이게 해 주지 않는다. 수많은 정보 중에서 핵심이 되는 정보를 잡아낼 줄 아는 사람이 훨씬 돋보인다. 이야기하려는 주제에 관한 각종 데이터나 관련된 모든 상황을 지나치게 상세히 설명하는 것은 초반부터 프레젠테이션을 지루하게 만들 뿐이다. 어느 정도의 정보 중에서 자신이 얼마의 정보들을 추려냈는지 보여 주는 것만으로 충분하다. 이때 왜 이 정보들을 선택했는지 자신의 관점을 명확하게 설명하는 것이 핵심이다.

다음은 선택한 정보의 배열이다. 생각의 지도를 그릴 때와 마찬가지로 나름의 논리로 주제와 관련된 정보들을 연결짓는 일이다. 이때 가장 흔히 하는 실수는 단지 정보들을 나열하기만 하는 것이다. 어떤 기준이나 순서에 대한 설명 없이 그저 선별한 정보들을 쭉 늘어놓는 경우다. 선별한 정보 중에서 가장 집중해야 할 것은 무엇인지, 어떤 측면에 중점을 두고 선별한 정보들을 살펴보아야 할지에 대해 전혀 단서를 주지 않는다. 이래서는 선택한 정보를 재구성한다고 할 수 없다. 그리고 앞에서 선택한 정보를 이미 보여준 이상 이 단계에서는 그 정보들 사이의 관계를 보여 주는 것이 당연한 순서다.

마지막 단계에서는 자신이 선택하고 재구성한 정보들을 종합해 자신만의 관점을 보여 주어야 한다. 시장 상황에 대한 통찰이어도 좋고 앞으로의 상황에 대한 전망이어도 좋다. 혹은 앞으로 개인이나 조직에 필요하다고 생각되는 구체적인 아이템을 제안해도 좋다.

무엇이든 그 프레젠테이션을 듣는 사람들이 발표자가 말하고자 하는 바, 즉 메시지를 명확하게 이해하고 기억해야 한다. 누구나 예상 가능한 의례적인 설명에 그치거나 구체적인 수치나 팩트 대신 앞서 이야기를 그저 정리하는 결론이어서는 곤란하다. 이런 프레젠테이션 슬라이드야말로 '그래서 뭐?' 감이다. 가장 잘 만든 프레젠테이션 슬라이드는 '그래서 뭐?'를 허용하지 않는다.

프레젠테이션 슬라이드와 생각의 지도에 차이가 있다면 자기 완결성의 정도일 뿐이다. 생각의 지도는 스스로를 위한 것이니 본인이 이해하기만 한다면 어떤 방식도 관계없지만, 청중과 직접 소통해야 하는 프레젠테이션 슬라이드는 그 자체로 완벽한 구성과 논리를 가지고 있어야 한다. 한 페이지 안에서 프레젠테이션 설명을 따라가며 읽을 때 무슨 이야기를 하는 것인지 청중이 명확하게 알아들을 수 있어야 한다.

반대로 앞 장에서 보여준 내용과 다음 장에서 보여 주는 내용이 논리적으로 어긋나거나 아예 다른 이야기를 하는 것은 절대 금물이다. 프레젠테이션 하는 사람은 자신의 말과 글이 가진 허점을 놓칠 수 있지만, 보고 듣는 청중은 한번에 알아차린다. 특히 자신이 이야기하는 주제에 대해 잘 아는 경험 많은 윗사람 앞에서 프레젠테이션 할 때는 가장 신경 써야 할 것이 바로 슬라이드 자체의 구성 논리다.

프레젠테이션은 말과 글이 통합되는 만큼 프레젠테이션 슬라이드가 길 필요는 없다. 30분 발표라면 열 장을 넘기지 않는 것이 효과적이다. 대신 그 안에 적힌 글이 완벽하게 짜여 있고 발표자의 관점이 분명하게 들어가 있어야 한다. 이런 글쓰기가 청중에게 기장 적합한 말하기와 결합했을 때 비로소 성공적인 프레젠테이션이 되는 것이다.

'예스 맨'보다 '와이 맨'이 되라

    자신만의 관점 혹은 자기 의견을 분명하게 주장할 수 있으려면 어떻게 해야 할까. 나는 무엇보다 '와이 맨Why Man'이 되라고 말하고 싶다. 와이 맨이란 말 그대로 모든 것에 '왜?'라는 질문을 던지는 사람을 말한다. 하나의 현상이나 사실에 대해 왜 그런지 따져 보는 것은 물론이고 누군가의 설명이나 상사의 지시에 대해서도 그 이유가 무엇인지 기꺼이 의문을 제기할 줄 아는 사람이다.

    사람들의 행동이나 말 혹은 모든 현상에는 나름의 이유가 있다. 문제는 겉으로 드러나거나 또는 남들이 얘기하는 것이 전부는 아니라는 사실이다. 아직 누구도 발견하지 못한 비밀이 있을 수도 있고 겉으로 보이는 이면에 정반대의 이유가 숨어 있을 수도 있다. 어떤 것에 대해 더 발전적으로, 새로운 생각을 해보려면 그 자체를 좀 더

114

심도 있게 이해해야 한다. 이면을 보려면 끊임없이 '왜?'를 물어야 한다. 그 질문에 대해 스스로 답을 구하는 과정에서 자기의 관점이 하나 둘 잡히게 된다.

'왜?'라는 질문에는 두 가지 종류가 있다. 주어진 정보나 상황을 더 잘 이해하기 위해 근본적인 원인을 알고자 하는 경우와 무언가에 반대한다는 뜻을 '왜?'라는 질문으로 대신하는 경우다. 여기서 말하는 와이 맨은 물론 전자의 '왜?'를 묻는 사람이다. 같은 '왜?'를 이야기하더라도 긍정적인 Why인지 부정적인 Why인지는 말하는 사람의 어조나 분위기에서 대번에 드러난다. 둘은 같은 와이 맨이지만 결코 양립할 수 없다.

긍정적인 와이 맨은 어떤 주제에 대해서든 적극 반응한다. 상대방의 말이나 글을 그냥 흘려듣거나 대충 읽어서는 '왜?'라는 질문을 할 수 없다. 말하자면 상대방에게 조금 더 깊이 있고 충분한 설명을 요구하는 것인데 모르는 것을 모른다고 반응해 주는 것도 소통하는 상대에 대한 기본 예의이다. 모르면서 아는 것처럼 넘어가서는 상대방도 자신도 부족한 부분을 채울 길이 없어진다. 말을 하거나 글을 쓴 사람은 자신의 어떤 부분이 논리적으로나 형식적으로 미흡한지 모르고, 듣거나 읽는 사람으로서는 충분히 이해하지 못했으니 어느 쪽이든 그다음 이야기를 제대로 따라가는 데 문제가 생긴다.

또 긍정적인 와이 맨은 자기 주도적 사고에도 적극적이다. '왜?'는 일차적으로 자신이 가진 궁금증을 인지하고 그것을 없애기 위해 이유를 질문하고 답을 구하려는 노력에서 나온다. 그래서 와이 맨은 상대방으로부터 대답을 듣는 것만으로는 만족하지 않는다. 그 대답을 계기로 스스로 또 다른 '왜?'를 이끌어내려 한다. 만일 상대의 대답이 불충분하거나 그에 대한 자신의 생각이 다를 경우에는 서로의 견해를 주고받아야 직성이 풀린다. 그렇게 쌍방이 '왜?'라는 질문을 하고 대답하는 사이에 각자는 서로의 관점을 자연스레 공유하게 된다.

'왜?'라는 질문을 어떻게 하느냐는 또 다른 문제다. 기왕이면 듣는 사람이 기분 상하지 않게 하면서도 그 사람의 말이 갖는 근본적인 취지나 원인을 더 잘 드러나게 해서 더욱 나은 결과를 이끌어내는 것이 백 번 낫다. 하지만 경우에 따라서는 단도직입적으로 '왜?'를 물어야 할 자리도 분명 있다. 다른 팀원들의 동의를 구하지 않은 채 논의 자체가 너무 앞서 가거나, 맥락을 잡지 못해 토론이 지지부진해지거나 더욱 나은 아이디어를 구하려 할 때, 가장 효과적인 것은 '왜?'라는 한마디이다. 잘만 활용하면 '왜?'는 축 늘어져 있거나 심드렁해 있는 사람들의 주의를 순간적으로 환기하는 알람 역할을 하기도 한다.

한발 더 나아가 진정한 와이 맨은 남들이나 외부에 대해서뿐만 아니라 스스로에게도 '왜?'라는 질문을 서슴지 않는다. 자신의 생각을 짚어 보고 논리의 허점은 없는지, 상대방을 설득하기에 충분한지 스스로 살펴볼 수 있어야 한다는 얘기다. 자신의 결정, 판단, 주장에 대해서도 어떤 이유 때문에 그런 결과를 내리게 되었는지 스스로 이해하는 이른바 '셀프 와이Self Why'의 단계에 이르러서야 비로소 뼛속까지 와이 맨이 되었다고 볼 수 있다.

남에게든 나에게든 '왜?'를 묻고 대답을 구하는 과정은 처음에는 번거롭고 피곤할 수밖에 없다. 하지만 일단 머릿속에 '왜?'가 자리를 잡으면 그것만큼 재미난 것도 없다. 물으면 물을수록 새로운 것들이 보이고 그것을 따라가다 보면 저절로 깊이를 얻게 되기 때문이다. 그런 점에서 '왜?'는 스스로 지적 호기심을 충족해 가는 즐거운 여정이기도 하다. 궁금한 것도 많고 그래서 알고 싶은 것도 많은 아이의 "왜요?"처럼. '왜?'가 없는 세상은 심심하고 지루하다.

자기만의 관점을 가지려면, 먼저 와이 맨이 되어 보자. 특히 대학생이나 사회 초년생처럼 젊은 세대라면 예스 맨Yes Man이 되기보다 와이 맨이 되고자 노력해야 한다. 예스 맨은 조직 생활에 적응하기에 당장 편할지는 모른다. 하지만 개인의 발전에는 결코 도움이 되지 않는다. 새로운 환경에서 앞으로 자신의 인생을 그릴 시기에는 세상에 대해서도, 스스로에게도 와이 맨이 백 번 낫다.

알아야 알아서 한다

개인은 물론 조직으로 범위를 넓혀도 예스 맨보다 와이 맨이 먼저다. 기자 시절 기업이나 관공서를 출입할 때도 그랬지만 신문사에서 기업으로 옮기고 가장 크게 느낀 차이 중 하나가 회의 문화와 와이맨의 존재감이었다.

다른 조직에 비하면 신문사는 회의가 많지 않다. 부장급은 매일 지면 회의를 하지만, 각자 취재 영역을 가지고 움직이는 기자들은 대개 부서별로 일주일에 한 번 회의하는 정도다. 부서회의에서는 각자가 취재한 내용을 토대로 그 주에 쓸 기사 아이템을 발표하거나 편집국 차원에서 기획된 시리즈 등을 토론하는데 이 회의는 대부분 '왜?'라는 질문을 놓고 의견이 오고 간다.

아이템을 발표하는 기자들은 자신이 이 기사를 왜 써야 하는지에 대해 설명하고 데스크나 동료 기자들의 반응을 구한다. 찬성 혹은 반대하는 데스크나 기자들 역시 왜 그렇게 생각하는지에 대해 명확한 이유가 있어야 아이템을 낸 기자를 설득할 수 있다.

언론사의 회의가 '왜?'라는 질문으로 흘러가는 것은 기자들 자체가 취재 현장에서 늘 '왜?'를 달고 사는 직업이라는 점에서 자연스러운 현상이다. 정부나 기업에서 내놓는 각종 발표나 통계, 결정을 취재하는 기자들이 가장 먼저 해야 하는 것이 왜 그런지 이유를 묻는 일이다. 직급이 세분되지 않은 언론사의 특성 탓도 있다. 편집국이나 보도국의 절대다수가 기자이고 그 위로는 차장-부장-국장 정도다. 그나마도 상사라기보다는 선배의 개념이 강하다. 따라서 '왜?'라는 질문에도 위아래 개념이 별로 없다. 오히려 '왜?' 없이 그냥 동의하는 태도는 주관 없는 사람으로 비춰질 수 있다.

조직에 따라 다르겠지만, 상대적으로 기업이나 관에서 '왜?'는 다분히 수직적인 맥락에서 받아들여진다. 윗사람이 아랫사람에게나 하는 질문으로 여기기 쉽다. 따라서 이때의 '왜?'는 긍정적일 수도 부정적일 수도 있다. 반면 아랫사람이 윗사람에게 '왜?'를 묻는 경우는 그리 많지 않다. 이유나 원인을 묻는다는 것 자체가 윗사람에게 반하는 것으로 받아들여질까 꺼리기 때문이다. 설사 이유를 묻는다고 하더라도 될 수 있으면 사석에서, 혹은 빙 둘러 조심스레 하는 경우가 보통이다.

그러므로 대부분의 조직에서는 와이 맨에 대한 반응도 다소 조심스럽다. 부럽기도 하지만 부담스럽기도 하다는 게 중론인 듯하다. 매사에 적극 질문하고 확실하게 자기 의견을 밝히는 게 멋지고 당당해 보이기도 하지만, 세상사가 다 그렇게 모 아니면 도로 나뉠 수는 없지 않으냐는 반론도 만만치 않다. 좋은 게 좋은 거지 굳이 까칠하게 굴 필요 있느냐는 것이다. 큰 기업일수록 보수적인 문화를 가진 조직일수록 의견이 분명한 사람보다는 무난한 사람을 선호하는 것이 일반적이다. 한 사람의 확실한 의견보다는 여러 사람의 조율된 의견이 더 바람직하게 여겨지기 때문이다.

하지만 의견이 분명한 것과 자기 의견을 고집하는 것은 엄연히 다른 이야기다. 자신이 가진 의견을 확실하게 밝히되, 다른 사람과 조율할 수 있는 사람이 있는가 하면 누가 봐도 타당하지 않은 의견임에도 직급을 앞세워, 혹은 자기 부서의 이익을 위해 마구잡이로 우기는 사람도 있다. 개인이나 조직의 발전보다는 단지 현실적인 불편이 싫어 의견을 내지 않는 사람도 있다. 결국 문제는 의견을 전하는 방식의 묘에 달린 것이지 결코 의견이 분명하다는 그 사실 자체에 있지 않다. 특히 여러 사람이 모여 일하는 조직에서는 좋든 나쁘든 분명한 의견을 가지고 이를 밝히는 사람이 있어야 변화와 혁신도 가능하다.

와이 맨에 대한 보다 심각한 폄하는 아예 '왜?'라는 질문 자체가 필요 없다는 심드렁한 태도다. "알아서 좀 하지…… 그걸 꼭 말로 해야 아나?"라는 반응이 대표적이다. 하지만 무엇이든 알아야 더 잘할 수 있다. 내가 아닌 다른 사람과의 소통이라면 더 말할 필요도 없다. 내 마음도 스스로 이해되지 않을 때가 있는데 다른 사람의 생각을 어떻게 저절로 알 수 있을까. 말하지 않아도 안다고 하는 것도 이미 오랜 경험을 통해 학습된 결과를 나름의 근거로 가지고 있기에 가능한 일이다. 혹 말하지 않아도 알 수 있다면, 말을 했을 때 더 잘 알 수 있다. 사람은 어떤 것에든 스스로 설득 당했을 때 구체적인 행동이 달라지는 유일한 동물이다. 그런 점에서 '왜?'는 모든 소통의 필수다.

따라서 조직에는 예스 맨보다 와이 맨이 많아야 한다. 회사의 나아갈 방향에 대한 긍정적인 의문과 구성원들 간의 더 확실한 동기부여, 그리고 조직 전반에 걸친 새로운 고민이 '왜?'라는 한마디 질문에 담길 수 있기 때문이다. 특히 직급이 높을수록 '왜?'라는 질문을 장려할 필요가 있다. 와이 맨이 낳아지는 데는 '왜?'에 내한 윗사람의 태도가 결성석이다. '왜?'를 상사의 말에 토를 나는 것으로 여겨서는 아랫사람이 마음 놓고 질문할 수 없다. '왜?'라고 질문하는 사람을 까칠하다고 규정해 버린다면 누가 일부러 나서서 상사로부터 미운털 박힐 일을 할까? 특히 기업의 CEO라면 의도적으로라도 예스맨보다 와이 맨이 인정받고 성장할 수 있다는 것을 보여주어야 조직 전체의 발전을 도모할 수 있다.

늘 하던 비즈니스만 하는 기업이나 구성원 교체가 별로 없는 조직, 개인의 다양성보다는 조직 논리를 앞세우는 권위적인 회사에서는 개인이 '왜?'로 상징되는 자기 주도적 사고를 하기 어렵다. 아니 할 필요가 없다. 무언가 이전과 다른 결과를 만들어내더라도 인정받기 어렵기 때문이다. 모두가 비슷한 방식으로 사고하고 그것을 공유하는 한 혁신은 일어나지 않는다.

반대로 새로운 사업을 적극 개척해가는 기업이거나 외부 인재들이 끊임없이 수혈되는 회사, 혹은 구성원의 다양성을 적극 배려하는 조직은 누구나 자연스레 '왜?'를 묻고 자기 주도적 사고를 하게 된다. 과거의 명성이나 전통에 기대지 않고 새로운 사고와 시도를 하는 것이 개인의 발전은 물론이고 조직으로부터 인정을 받는 길임을 알기 때문이다. 결국 기업의 혁신은 구성원들이 얼마나 '왜?'를 질문할 수 있는지, 개인의 자기 주도적 사고를 얼마나 조직적으로 끌어안을 수 있는지의 문제이기도 한 것이다.

'아니오'라는 대답을 두려워하지 마라

'왜?'와 더불어 나만의 관점을 기르는 데 효과적인 것이 하나 더 있다. 자기관점을 기른다는 측면에서 '왜?'와 쌍벽을 이루는 것은 '아니오'다. 둘은 서로 밀접한 관련이 있다.

'아니오'와 '왜'의 관계를 생각해 보자. '왜?'를 묻는다는 것은 주어진 사실을 있는 그대로 받아들이는 한 절대 나올 수 없는 질문이다. 주어진 사실로부터 한발 더 나아가거나 한발 더 깊숙이 들여가 보려고 할 때만 할 수 있는 질문이다.

또 이렇게 생각해 볼 수도 있다. 와이 맨은 '예'와 '아니오' 중 어떤 답을 더 많이 할까? 답은 물론 '아니오'이다. 하나의 사건 또는 현상에 대한 질문을 받았을 때 '그렇다'고 동의해버리면 더 깊고 넓게 파고들 여지가 별로 없다. 반면 '아니다'라고 부정한다는 것은 그에 대한 이유나 근거를 스스로 제시해야 하고 따라서 자연히 '왜?'에 대한 답을 할 수밖에 없다.

말하는 사람에게나 듣는 사람에게 '아니오'는 '왜'보다 더하기 어려운 말로 여겨진다. 누군가의 말에 반대를 표하거나 부정적인 의견을 밝힌다는 것은 의문을 제기하는 것보다 불편한 일이 되기 때문이다.

상대의 의견에 대해 반대를 표했을 뿐인데 마치 그것이 그 사람 자체를 부정하거나 인격을 깎아내리는 것으로 받아들여지는 경우도 많다. 말로는 의견 대 의견으로 얼마든지 찬반을 겨뤄볼 수 있다고 이야기하는 사람들도 막상 실제로는 그렇지 못한 경우를 숱하게 보았다. 생각이 다르고 이를 담아내는 말이 다른데 다름의 차이를 흔쾌히 받아들이지 못하는 것이다.

특히 유교적 전통이 강한 우리 문화에서는 윗사람의 말에 '아니오'를 하면 대단한 결례로 여겨지기 쉽다. 서로 다른 의견을 가지고 시작된 대화가 결국 "나이가 몇이야?" "선배를 우습게 보는 거야?"라는 장유유서적 정서로 어설프게 대체되는 모습은 흔히 볼 수 있는 광경이다. 이러니 공개적인 자리에서 누군가의 말에 '노'로 답하기는 더욱 쉽지 않다. 그런 점에서 아직 우리나라는 토론에 익숙한 문화라고 할 수 없다.

하지만 '아니오' 역시 '왜'와 마찬가지로 쓰기 나름이다. '아니오'에도 '긍정의 아니오'와 '부정의 아니오'가 있다. 부정적인 '아니오'는 반대에서 끝나 버린다. 충분한 근거를 제시하고 상대방과 진지하게 의견을 나누려 하는 것이 아니라 그냥 아니라고 단정해 버린다. 대화나 토론이 더 이상 발전할 수 없고 당연히 듣는 사람도 기분이 언짢을 수밖에 없다.

긍정적인 '아니오'는 다르다. 상대의 의견을 무조건 받아들이는 것이 아니라 요모조모 생각해 보고 나서 하는 '아니오'다. 주장하는 사람의 전반적인 논리 혹은 사실관계에 대해 반대나 부정할 만한 부분이 있다면 이를 분명하게 밝히고 그에 대한 자신의 근거 또한 충분히 제시한다. 사실이나 주장에 대해 깊이 고민하고 관찰한 다음 나름의 논리를 펼치는 것이기에 듣는 사람으로서도 받아들이지 않을 수 없다. 만일 상대의 반대에 동의할 수 없다면 다시 자기 나름의 근거와 논리로 주장하면 되는 것이다.

상대의 말을 근거로 그에 대한 자신의 주장을 펴는 과정이 바로 토론이다. '아니오'라는 대답과 그 뒤로 이어지는 이야기들이 때로 그 주제에 대해 미처 생각지도 못했던 새로운 방향을 제시할 수도 있다. 그러므로 '아니오'라는 대답은 제대로 하기만 하면 질문을 한 사람은 물론이고 대답을 하는 사람에게도 자신의 관점을 세울 좋은 기회가 된다. 생각 없는 동의보다는 나름의 고민을 담은 반대가 훨씬 낫다.

'왜?'와 마찬가지로 '아니오'도 조직의 리더가 적극 활용해야 한다. 수직적인 구조의 기업 내에서 아랫사람이 자유롭게 '아니오'라는 말을 하기란 쉽지 않다. 설사 윗사람이 틀린 말을 하더라도 나서서 입바른 소리를 하는 것은, 고양이 목에 방울 달기다. 많은 리더가 아랫사람들이 자기 생각은 밝히지 않고 그저 자기 말에 "네, 네"만 한다며 답답해 한다. 그 경우 열에 아홉은 자신이 아랫사람의 '노'를 용인하지 못했기 때문이다.

좋은 리더일수록 긍정적인 '아니오'와 부정적인 '아니오'를 구별하고 긍정의 '아니오'를 장려할 줄 안다. 때로는 한 사람의 '아니오'가 열 사람의 '예'보다 나을 수 있다는 것을 알기 때문이다. 누군가가 제기한 '아니오'가 방아쇠가 되어 거기서부터 '왜?'가 터져 나오고 그 결과 창의적인 아이디어가 빛을 볼 수도 있다. 리더가 '아니오'에 대해 열린 마음을 가지고 있는 조직에서는 토론이 활발하고 다른 팀이 생각하지 못하는 독창적인 해결법을 찾아내고 성취할 때가 잦다.

한때 "모두가 '예'라고 할 때 '아니오'라고 할 수 있는 사람"이라는 문구로 눈길을 끈 증권사 광고가 있었다. 설사 조직에서 장려하지 않는다고 해도 '아니오'를 게을리해서는 안 된다. 모두가 '예'라고 할 때 '아니오'라고 할 수 있는 사람은 단지 소신 있는 사람이기만 한 것이 아니라 자기 관점을 세워가고 있는 사람이기 때문이다.

⇨ 질문의 기술 ⇦

'왜'든 '아니오'든 문제는 '어떻게 질문하는가'이다. '왜'가 직접적인 질문이라면 '아니오'는 간접적인 질문이다. 상대방의 주장을 부정한다는 것은 결국 그에 대한 새로운 의문 혹은 주장을 제기할 수밖에 없기 때문이다.

질문은 자기 주도적 사고의 핵심이다. 스스로 생각을 해나가기 위해서는 다른 사람의 주장에 대해서든 책을 통해 읽는 정보에 대해서든 끊임없이 의문을 제기하고 그에 대한 대답을 찾아 나가야 한다. 어떻게 질문하느냐에 따라 얻어낼 수 있는 대답도 천양지차로 달라질 수 있다. 특히 소통의 성패는 질문하기에 달려 있다고 해도 과언이 아니다.

질문도 해 본 사람이 잘한다. 특히 공개적인 자리에서 손들고 질문하는 것을 꺼리는 한국 문화에서 질문에 익숙해지려면 약간의 기술이 필요하다는 것이 기자 초년 시절부터의 내 경험이다. 기자는 본질에서부터 질문을 던지는 직업이다. 어떤 사건이든 인물이든 저절로 기자를 찾아와 취재를 '당하는' 경우는 없다. 의문을 가진 기자가 취재원을 만나 질문을 던지고 그에 대한 답을 기사로 구성하는 것이다. 만일 누군가 기자에게 질문을 부탁한다면 그것은 형식적으로는 취재

126

가 되겠지만 본질에서는 홍보라고 해야 할 것이다.

사람에 따라 다르겠지만 대체로 기자들이 가진 질문의 기술은 몇 가지 공통점을 지닌다.

첫째, 질문은 명확하게 하라. 기자들의 질문은 대개 직설적이다. 자신이 궁금한 것을 명확하게 물어본다. 정보를 물어보는 것인지, 상대방의 견해를 물어보는 것인지, 혹은 상황에 대한 설명을 부탁하는 것인지, 질문의 핵심은 분명하다. 그러니 대답도 대부분 정확하게 나온다. 만일 무언가를 숨기려 하거나 제대로 대답하지 않으려는 마음이 있다면 정곡을 찔렸다는 느낌도 들 법하다. 경우에 따라 부드러운 방식으로 돌려서 질문해 상대방의 대답을 유도하는 것도 필요하다. 그 역시 요긴한 질문의 기술이다.

하지만 단지 상대방을 불편하게 만들지 않기 위해 자신의 질문까지 애매하게 만들 필요는 절대 없다. 간혹 기자 중에도 멋진 질문을 하겠다며 마치 방송 MC라도 된 양 장황하게 질문을 늘어놓는 사람도 더러 있으나 그렇다고 들을 수 있는 대답이 크게 달라지는 않는다. 그럴 바에는 질문보다 자연스러운 대화로 분위기를 잡아가는 것이 훨씬 낫다. 질문은 어쨌든 명확할수록 좋다.

둘째, 상대방이 대답할 수 있는 질문을 하라. 곤란한 질문은 던지지 말라는 뜻이 아니다. 상대방이 생각을 이어나갈 수 있는 질문을 던지라는 말이다. 같은 질문이라도 상대의 침묵을 이끌어내는 질문이 있는가 하면 긍정이든 부정이든 상대의 반응을 자극하는 질문이 있다. 막무가내로 인정을 강요하거나 지나치게 도발적인 질문, 혹은 미처 대답할 겨를을 주지 않는 질문은 말 그대로 말문을 막아버린다. 대답하나마나 한 뻔한 질문도 마찬가지다.

반대로 OX가 아니라 구체적인 사실을 물어보는 질문, 분위기를 부드럽게 하거나 띄우는 질문 등은 상대방으로부터 대답을 이끌어 내기 쉽다. 혹시 마땅한 대답을 얻지 못했을 때는 관련된 다음 주제로 자연스럽게 이어질 수 있는 질문을 던지는 것이 가장 좋다. 이는 일대일 대화보다는 특히 대중을 상대로 질문할 때 명심해야 할 사항이다.

셋째, 상대방의 말을 근거로 질문하라. 인터뷰하다 보면 주고받는 식의 대화가 잘 되는 사람도 있지만, 계속 어긋나는 사람도 있다. 굳이 뭔가를 숨기려 해서가 아니라 대화의 합을 잘 이루지 못하기 때문이다. 얘기는 많이 하는데 서로 다른 이야기를 하는 것이다. 그럴 때는 상대방의 말을 인용해 질문을 던지면 문제가 쉽게 해결된다. 너무 전에 했던 말보다는 바로 직전에 나눴던 말에서 힌트를 얻어 대화의 주제를 바꾸거나 새로운 질문을 던지는 식이다. 자신이 했던 말에 반응을 보이는데 무심할 사람은 거의 없다. 무언가를 자랑하고 싶어 한다거나 고민하는 기색이 엿보일 때처럼 감정이 개입될 때는 상대방의 분위기에 맞춰 슬쩍 질문을 던지는 것도 좋은 방법이다.

하지만 어떻게 질문하느냐보다 더 중요한 것이 있다. 질문을 두려워하거나 불편해하지 말라는 것이다. 세상에는 묻지 않으면 절대 대답하지 않는 사람도 많고, 물으면 그제야 기다렸다는 듯 대답하는 사람도 많다. 굳이 기자가 아니더라도 때로는 집요할 필요도 있다. 원하는 대답, 충분한 답변을 듣지 못했으면 몇 번이고 다시 묻거나 대놓고 곤란한 질문도 할 수 있어야 한다. 질문을 받은 사람은 당장 화가 날 수도 있겠지만 지금 듣지 않으면 더는 기다릴 수 없는 상황, 혹은 애매한 대답이 더 큰 혼란을 가져올 상황이라면 질문을 던져야 한다.

'누군가 나 대신 물어봐 주겠지'라고 생각하면 아무도 질문하지 않거나 엉뚱한 질문이 나올 가능성이 훨씬 더 크다. 무언가를 물어보는 것은 결코 부끄러운 일도, 무례한 일도 아니다. 질문을 던진다는 것은 상대방이 전하는 주제에 관해 관심과 의지를 보이는 것이다. 오히려 모르면서, 혹은 다른 생각을 하고 있으면서 침묵으로 동의를 가장하는 것이야말로 상대방을 기만하는 것 아닐까. 예의를 지키되 자신이 충분히 이해하고 동의할 때까지는 질문을 아끼지 말아야 한다. 무심코 아는 척 고개를 끄덕였다가 나중에 다른 소리를 하게 되는 것보다는 그편이 훨씬 덜 민망할 테니까.

생각도
움직이는 거야!

"사랑은 움직이는 거야."

한때 인기를 끌었던 이동통신 광고 문구다. 사랑이라는 감정이 변할 수 있다는 것을 너무나 당연한 명제로 경쾌하게 표현해 아직도 깊은 인상으로 남아 있다. 그런데 실은 생각도 마찬가지다. 인간의 뇌는 잠자는 시간만 빼고 계속 기능한다. 그것이 생각이다. 따라서 24시간 같은 생각에 고정된 것은 애초부터 불가능한 얘기다. 이 생각, 저 생각 왔다 갔다 하는 것은 물론이고 한 생각조차 한순간도 멈춰 있지 않다. 생각이 중간에 끊기는 일은 있어도, 생각은 끊임없이 생각을 낳는다.

문제는 어떤 생각을 어떻게 움직이느냐는 것이다. 일단 생각이 움직인다는 사실을 인식하고 있어야 한다. 그러나 사람들은 생각이 움직인다는 것을 깨닫지 못한 채 살아간다. 마치 숨쉬기처럼 뇌의 기능인 생각 또한 너무나 자연스러운 현상이기에 미처 깨닫지 못하는 것이다. 하지만 단지 생각이 움직인다는 것을 아는 것만으로는 충분하지 않다. 생각이 의도적으로 움직일 수 있다는 것을 알고 자신의 생각을 자신의 뜻대로 움직이겠다는 마음을 먹어야 한다.

내 생각을 내 마음대로 하지 못한다고? 코웃음 치는 사람이 있을지 모르겠다. 하지만 자신이 오늘 하루에 했던 생각을 가만히 되돌아보라. 과연 온종일 했던 생각 중에서 자신이 의식적으로 했던 생각이 얼마나 되는지. 대부분은 외부에서 일어나는 상황에 대한 반응이었을 것이고 스스로 생각을 해야겠다고 마음먹고 특정한 주제에 집중한 것은 얼마 되지 않을 것이다. 어쩌면 아예 없을 수도 있다. 내 생각을 의식적으로 움직이겠다고 생각하지 않는 한 생각은 언제나 저절로 움직여버리고 만다. 자기 주도적 사고는 결코 저절로 일어나지 않는다는 얘기다.

스스로 자신의 사고를 움직이려면, 무엇보다 자신의 생각에 몰입해야 한다. 내가 무슨 생각을 하고 있는지 파악해야 한다는 것이다. 지금 하고 있는 생각뿐 아니라 과거에 했거나, 미래에 해야 할 생각까지도 생각해야 한다. 자신의 생각을 생각하는 것이 결코 쉬운 일은 아니다. 의식적인 노력과 익숙해지기까지의 시간이 필요하다.

그렇다면 생각에 의식적으로 몰입하기 위해 반드시 필요한 것은 무엇인가? 다름 아닌 글쓰기다. 생각은 머릿속에서만 움직이지 않는다. 시간과도 더불어 움직인다. 아무리 좋은 생각도 저장해 놓지 않으면 사라져버리기 마련이다. 사라진 생각은 다시 복기해야겠다고 마음을 먹어도 좀처럼 잘 떠오르지 않으며 아예 복기해야겠다는 생각을 못 할 때가 태반이다. 그러므로 생각은 반드시 저장해 둘 필요가 있다.

글은 사람의 생각을 눈에 보이는 형태로 담아낸다. 말로는 불가능한 일종의 저장 기능인 셈이다. 어떤 생각을 하다 다른 일 때문에 중단한 경우, 글로 써 놓으면 다시 쉽게 이어갈 수 있다. 우연히 스쳐 지나가는 찰나의 생각도 글로 써 놓으면 언제든 다시 불러낼 수 있다.

글쓰기가 단지 생각을 저장하기만 하는 것은 아니다. 글을 통해 생각을 훈련할 수도 있고 발전시킬 수도 있다. 글을 쓴다는 것은 손을 움직여 문자를 찍는 물리적인 차원이 아니라 생각과 동시에 이를 문자라는 형태로 담아내는 정신적인 차원이 훨씬 크다. 생각하지 않으면 글을 쓸 수 없다. '생각의 지도'처럼 특정한 주제에 대해 깊이 있게 생각을 해야 할 때는 더욱 그렇다. 생각의 종류에 따라 필요한 글의 종류가 달라질 수는 있지만 잠시도 가만 있지 않고 움직이는 생각을 단지 따라가지 않고 스스로 움직일 수 있으려면 글쓰기는 반드시 필요하다.

스스로 생각을 움직일 때 또 하나 명심해야 할 것이 있다. 내가 의도하고 조절하는 내 생각조차 언제든지, 얼마든지 움직일 수 있다는 사실을 인정하는 것이다. 자기 생각에 몰입하고 그 안에서 이런저런 생각을 통해 하나의 결론을 얻어내는 데 익숙해지다 보면 자기 생각에 빠진 나머지 그 자체를 완결한 것으로 생각하는 우를 범하기 쉽다. 누구에게나 오랫동안 공들여 몰입한 생각은 의미가 있겠지만 그렇다고 생각의 결과가 반드시 들인 시간이나 집중 정도에 비례하지는 않는다.

오히려 생각하는 사람이 어떤 자세로 생각을 움직이는지가 더 중요하다. 외부로부터 다양한 정보를 구하고 이를 토대로 수많은 생각 끝에 하나의 결론에 도달했더라도 그 결론을 시작점으로 다시 외부와의 정보 교환과 소통도 얼마든지 가능하다는 열린 마음이 필요하다. 생각의 결론보다는 생각의 과정을 즐기라는 얘기다. 생각의 과정보다 결과 그 자체에만 의미를 두는 사람은 생각의 발전에도 한계가 있다.

만에 하나 잘못된 결론에 이르렀을 때도 좀처럼 되돌리지 못한다. 과거에 뛰어난 업적을 이루고도 더는 발전하지 못한 채 그 안에만 머물러 있는 사람들은 생각에 대해 스스로 열린 마음을 갖지 못했기 때문이다. 생각이 움직인다는 것을 받아들였다면 어떤 결론이라도 잠시의 멈춤에 불과하다는 너무나도 당연한 사실을 깨달았을 것이다. 생각은 움직이고 있다. 바로 지금 이 순간에도.

하루 20분, 온전히 나에게 집중하라

"아무 생각이 없어요……."

요즘 흔히 하는 소리다. 관심이 없다는 뜻으로도 쓰이고, 머리가 나쁘다는 뜻으로도 쓰이고, 그냥 멍하다는 뜻으로도 쓰인다. 그런데 요즘에는 정말 생각이 없는, 혹은 없어 보이는 사람이 많다. 지하철을 타고 가면서 사람들의 행동을 조금만 관찰해 보면 금방 알 수 있다. 제 몸도 가누기 어려울 정도로 붐비는 출퇴근 시간이 아니라면, 지하철 안의 거의 모든 사람은 졸고 있지 않으면 휴대전화나 아이패드 같은 전자기기로 무언가를 하고 있다. 특히 젊은 사람들은 대부분이 귀에 이어폰을 꽂고 손에는 휴대전화를 들고 만지작거린다. 책이나 신문을 읽는 사람은 거의 없다. 집중하는 스크린을 살짝 들여다보면 게임을 하거나 드라마, 스포츠 같은 동영상을 보고 있다. 그것도 아니면 문자나 SNS를 주고받는 경우가 대부분이다.

동영상을 보거나 게임이나 문자를 하면서도 생각을 하고 있긴 하다. 눈앞에 보이는 정보가 뇌로 전달되고 그 결과에 반응하는 모든 순간에 생각이 일어나고 있다. 하지만 그때의 생각은 의식적으로 주도하는 생각은 아니다. 순간적으로는 목적지까지 가는 시간이 짧게 느껴질 만큼 엄청나게 몰입해 있지만 스크린을 터치하고 화면을 닫아버리는 순간 바로 사라져버린다. 극히 예외적인 경우를 제외하면 지하철에서 내려 다시 하게 되는 생각과는 아무런 연결도 되지 않는다.

IT는 사람들이 자투리 시간을 보다 '즐겁게' 보낼 수 있는 각종 장치를 만들어냈다. 덕분에 예전에는 어쩔 수 없이 무언가를 읽거나 골똘하게 생각했을 지하철 안에서의 시간 같은 짧은 여유도 점점 사라진다. 언제 어디서든 시간이 남으면 바로 휴대전화나 아이패드를 꺼내면 되고, 기기에 접속하는 순간 새로운 세상이 열리기 때문이다.

하지만 그 세상에서는 자기 주도적인 생각이 필요 없다. IT가 제공하는 정보에 따라 생각이 흘러가도록 내버려두기만 하면 된다. 이렇게 의식적으로 생각하지 않으니 글쓰기가 될 리 없다. IT가 글쓰기에 대한 새로운 환경을 열어 주었음에도 정작 IT 자체가 글쓰기의 전제가 되는 생각을 차단하는 셈이다. IT의 아이러니라고나 할까. 생각을 의식적으로 하는 것뿐 아니라 생각을 할 수 있는 상황까지 의식적으로 생각하도록 해야 하는 것이 요즘 세상이다.

뛰어난 전략가나 이론가, 학자, CEO처럼 생각하고 판단, 결정하는 것이 업인 사람들은 하루 대부분을 생각하면서 보낸다. 그리고 이미 생각에 몰입하는 것이 일상이 되어버린 그들 중에도 의식적으로 생각의 시간을 갖는 사람이 적지 않다. 복잡한 상황에서 일만 하다가는 스스로 생각을 움직이지 못하고 생각에 끌려간다는 것을 오랜 경험과 훈련을 통해 잘 알고 있기 때문이다.

일부러 생각할 시간을 마련하는 가장 대표적인 인물은 마이크로소프트 창립자인 빌 게이츠다. 빌 게이츠는 1년에 두 번 '생각 주간

Think Week'을 갖는 것으로 유명하다. 말 그대로 일주일 동안 가족을 포함한 모든 사람과 떨어져 모처에 은둔하며 자기만의 생각에 몰두하는 것이다. 이 기간에 빌 게이츠는 온종일 책과 보고서를 읽고 생각을 다듬으며 그 결과를 직원들과 이메일로 소통한다. 빌 게이츠의 생각 주간에서 알 수 있듯 읽기, 생각하기, 쓰기는 그야말로 삼위일체라 할 수 있다. 뛰어난 운동선수들도 평소 훈련과 더불어 명상이나 마인드 컨트롤에 열과 성을 다한다. 몸이 하는 일도 생각이 이끌고 받쳐줘야 훨씬 더 잘할 수 있다는 것을 알기 때문이다.

자기 분야에서 크게 성공한 사람들도 이런데 보통 사람들이 생각 훈련을 해야 하는 것은 말할 것도 없다. 물론 하루아침에 되는 일은 아니다. 시간이 지난다고 저절로 되는 일도 아니다. 하지만 하면 할수록 늘어난다. 일단 익숙해지면 몸에 배서 자연스럽게 할 수 있게 된다. 어렵게 생각할 필요는 없다. 뭐든 시작이 중요하다.

일단 하루 20분씩만 생각할 시간을 가져 보라. 하루에 20분씩 매일 생각한다면 한 달에 열 시간이다. 연 단위로 환산하면 닷새 동안 생각을 하는 것이다. 차분하게 생각할 시간을 낼 수 없다는 것은 핑계일 뿐이다. 20분이면 그야말로 자투리 시간이다. 20분 일찍 일어나거나 20분 늦게 잠자리에 드는 것만으로도 충분하다. 아니면 점심시간 20분을 남길 수도 있고 출퇴근 시간 지하철에서도 20분을 낼 수 있다. 생각이나 명상은 조용한 환경에서만 할 수 있는 것이 아니다.

스스로 조용한 환경을 만들고 가만히 그 속에 머무를 때 더 잘 된다.

단 20분 동안은 온전히 생각에 집중하고 몰입해야 한다. 내가 하고 있는 일, 내가 처해 있는 환경, 나와 관계를 맺고 있는 사람들, 나의 미래 그 어느 것이라도 좋다. 생각이 생각을 낳을 수 있도록 오직 생각만 해라. 분명히 무언가 가닥이 잡히고 떠오를 것이다.

하루 20분의 생각이 쌓이면 그것이 가져올 미래의 변화는 생각지도 못할 만큼 클 것이다.

3장

나를 찾아 떠나는 여정, 글쓰기

오직 나만을 위한
글쓰기

이제까지 이야기한 글쓰기는 기본적으로 내가 가진 생각을 다른 사람에게 전달하고 소통하기 위한 것이었다. 하지만 그것이 글쓰기의 전부는 아니다. 글쓰기가 가진 또 하나의 중요한 의미와 역할은 바로 자기 자신을 위한 것이다. 남과 정보를 주고받고 의견을 교류하기 위해서만이 아니라 나만을 위한 글도 써야 한다는 얘기다. 전자가 공적인 글쓰기라고 한다면, 이제부터 이야기할 글쓰기는 사적인 글쓰기다.

많은 사람이 사적인 글쓰기의 중요성을 알지 못한다. 공적인 글쓰기와 비교하면 하늘과 땅 차이다. 일을 위해 글을 잘 써야 한다는 생각은 하면서도 정작 자기 자신을 위해 글을 써야 한다는 생각은 안 한다. 커뮤니케이션으로서의 글쓰기에 동의하는 사람 중에서도 나를 위해 글을 쓰겠다는 생각을 갖고 있는 사람은 정말 드물다. 공적인 글쓰기를 위해서는 시간이나 노력을 투자할 수 있다고 여겨도 사적인 글쓰기를 위해서는 굳이 그럴 필요를 느끼지 못하는 경우가 많다. '나만 보는 글인데 무슨 노력이 필요해?'라는 생각 때문인데 공적인 글쓰기와 사적인 글쓰기 사이에는 생각보다 높은 장벽이 존재한다.

하지만 글쓰기는 다른 사람이 아닌 바로 나 자신을 위해 필요하다. 글을 쓰기 위해서는 생각을 해야 하고 생각을 하면 글을 쓰게 된다. 흔히 글을 쓰기 위한 생각이라고 하면 일과 관련된 공적인 것만을 떠올리기 쉽지만 사실은 그렇지 않다. 일 외의 부분 혹은 일을 포함한 자신에 관한 것이 한 개인을 놓고 봤을 때 오히려 훨씬 더 큰 부분을 차지한다. 단순하게 내가 온종일 했던 생각을 되짚어 보기만 해도 알 수 있다. 시험이나 발표, 협상처럼 특별한 이벤트가 있는 경우가 아니라면, 하루 중 일이나 공적인 영역에 관한 생각은 일부분에 불과하다. 심지어 일해야 하는 근무시간에도 일과 관련 없는 생각을 하게 된다.

가족이나 친구 같은 사적인 관계나 드라마나 스포츠처럼 자신이 좋아하는 관심사, 미래에 대한 고민, 건강 문제, 내일의 날씨 걱정, 입고 나갈 옷 등 결국은 자기 자신에 관한 생각이다. 하루에 하는 생각의 절반 이상이 사적인 영역에서 일어나기 때문에 글을 쓰기 위해서 생각을 하든, 생각을 해서 글을 쓰든 사적인 글쓰기는 반드시 필요하다.

글을 쓰는 이유가 궁극적으로 소통을 위한 것이라 해도 마찬가지다. IT 시대에 글쓰기를 통한 타인과의 소통은 공적인 영역에서만 일어나지 않는다. 내가 가진 정보나 지식을 다른 사람에게 전달하는 것뿐만 아니라 나의 경험과 취향, 관심에 대해 누군가와 소통하기 위해서도 글은 반드시 필요하다. 지극히 소소한 일상이나 취미 활동, 생활 감정 등을 세상에 알리는 블로그나 페이스북에서의 글쓰기가 대표적이다. 과거에는 철저하게 개인의 사생활이었던 것들이 이제는 글을 통한 소통의 주제로 통용된다.

하지만 더욱 중요한 것은 나 자신과의 소통이다. 다른 사람과의 정보 교환, 혹은 세상과의 소통이 일차적이라고 한다면 자기 자신과의 소통은 좀 더 근원적인 질문을 주고받는 상위 단계다. 따지고 보면 다른 사람과 소통하는 것 역시 세상을 이루고 있는 자기 자신에 대한 끊임 없는 존재감의 확인인지도 모른다. 굳이 종교나 명상을 이야기하지 않아도 자기 자신과의 소통은 모든 사람에게 내재한 가장 고차원적인 욕구라고 할 수 있다.

사람은 누구나 내면의 목소리를 가지고 있다. 거기에 얼마나 귀를 기울이느냐의 차이가 있을 뿐이다. 세상이 복잡해지면서 점점 타인과의 소통, 세상과의 소통이 강조되고 있지만, 실은 내면의 목소리에 귀를 기울이고 자신과 소통하는 것이야말로 가장 중요한 일이다. 스스로와 소통할 줄 아는 사람은 자기의 중심이 단단할 터이고 그것을 바탕으로 다른 사람이나 세상과도 그만큼 더 잘 소통할 것이기 때문이다. 세상과 소통하고 싶다면, 내 안에서 들려오는 목소리에 먼저 귀를 기울여야 한다. 그래야 내 중심을 잡고 세상에 나설 수 있으며 사람들과 소통할 수 있다. 자기중심 없이 그저 소통만 할 줄 안다면 결국은 스스로 만족을 구하긴 어렵다.

나 자신과 소통하기 위해서는 반드시 글이 필요하다. 글쓰기는 애초부터 공적인 영역과 사적인 영역을 아울러 발전해왔다. 인류의 역사가 남긴 수많은 기록 중에는 정치, 경제, 역사 등 객관적인 사건을 서술한 것도 있지만 글 쓰는 사람 자신의 이야기를 담은 지극히 사적인 글도 상당 부분을 차지한다. 글쓰기의 장르와 형식이 다양해지기 전에는 특히 그랬다. 누구도 알지 못하는 내면의 목소리로 자기 자신과 소통하고자 하는 것이야말로 인간의 가장 근원적인 욕구 중의 하나이고 그것을 위해서는 글쓰기가 가장 좋은 방법이었기 때문이다.

글쓰기는 지금도 내 안의 목소리와 대화하는 가장 좋은 방법이다. 아무리 기술이 발달해도 인간 내면의 목소리는 글이라는 형태를 통하지 않고서는 좀처럼 그 실체를 드러내지 않기 때문이다. 바꿔 말하면 글쓰기는 내면의 목소리와 생각을 만들어내는 데 가장 효과적인 방식이다. 특히 아직 자신의 목소리를 의식하지 못하거나 이제 막 내면의 목소리를 만들어가고 있는 젊은 나이의 사람이라면, 반드시 글쓰기를 통해 자신과 소통하는 법을 익힐 필요가 있다.

공적인 글쓰기가 지식과 함께 늘어가는 것이라면 사적인 글쓰기는 인생과 함께 늘어간다. 나만을 위한 글쓰기를 일찍 시작하면 할수록 좋은 이유다. 나의 일상과 자아를 위한 글쓰기라고 생각하면 사적인 글쓰기를 해야 할 이유와 그런 글을 쓰기 위해 노력해야 할 이유도 분명해진다.

나의 이야기를 만들어라

요즘 커뮤니케이션의 화두 중 하나는 스토리텔링이다. 무언가를 언어나 글로 전하려 할 때는 이야기, 즉 이야기로 풀어내야 한다는 것이다. 신문기사든, 제품 광고든, 사업전략보고서든 스토리텔링은 필수 요소로 꼽힌다. 스토리텔링은 어렵고 딱딱해서 멀게만 느껴지는 이론을 구체적이고 생생한 현실로 바꿔 놓기 때문이다. 즉, 누구나 쉽고 친근하게 공감할 수 있는 메시지를 만들 수 있다.

스토리텔링이 가장 위력을 발할 때는 사람에 관한 메시지를 전할 때다. 사람의 이야기는 그냥 이야기가 아니다. 사연이다. 하나를 보면 열을 안다는 말처럼 하나의 일화가 그 사람 전체를 상징할 수도 있다. 그래서 취업이나 입학사정관용 자기소개서를 쓸 때도 반드시 스토리텔링을 넣으라는 조언이 빠지지 않는 것이다. 적절한 스토리텔링은 자기소개서에서 가장 강력한 인상을 남길 수 있고 경우에 따라서는 당락에도 충분히 영향을 미칠 수 있다.

하지만 작가가 아닌 이상 스토리텔링이라고 하면 일단 부담스럽다. 사연 없는 인생이 어디 있을까마는 막상 남에게 내보일만한 사연을 끄집어내기는 쉽지 않다. 남의 이야기는 시시콜콜한 것도 얼마든지 하겠지만, 정작 내 이야기는 그야말로 이야기가 되지 않을 것만 같다. 그러다 보니 자기소개서 대부분은 뻔한 이야기, 실체 없는 이야기, 혹은 바람인지 다짐인지 모를 이야기들만 가득하게 된다.

나의 스토리텔링을 하려면 내가 어떻게 살아왔고 지금 무엇을 생각하고 느끼며 살고 있는지, 앞으로 어떤 꿈을 이루며 살고 싶은지 속속들이 꿰고 있어야 한다. 하지만 어렴풋한 기억과 막연한 바람, 황당한 공상만으로는 결코 스토리텔링이 될 수 없다. 이럴 때 가장 필요한 것이 사적인 글쓰기인 일기다.

일기라고 하면 초등학교 때 쓰던 그림일기나 선생님 뜻에 따라 반강제로 써야 했던 학창시절 숙제의 '악몽' 때문에 떨떠름한 표정을 짓는 사람도 있을지 모르겠다. 하지만 자발적으로 쓰는 일기는 다르다. 말뜻 그대로 하자면 하루의 기록이지만, 일기는 단순히 하루에 일어난 일을 기록하는 것 이상의 의미가 있다.

나는 올해로 31년째 일기를 쓰고 있다. 자발적으로 일기를 쓰기 시작한 것은 초등학교 6학년 겨울 방학이다. 어떤 계기였는지는 기억나지 않는다. 아마도 중학교에 올라가면서 자신을 다지는 의식으로 일기를 떠올리지 않았나 싶다. 지금도 간직하고 있는 낡은 일기장 첫 페이지에 초등학교 마지막 겨울 방학을 알차게 보내야겠다는 어린이다운 다짐이 가득한 걸 보면 말이다. 중고등학교에 올라가서도 공부하는 틈틈이 일기를 썼지만 본격적으로 일기 쓰기에 재미를 붙인 것은 대학생이 되고 나서부터다. 고등학교 때까지만 해도 가끔 쓰던 일기를 대학교 때는 매일 하루도 빼놓지 않고 썼다. 강의노트와 함께 얇은 노트를 일기장으로 정해 어디를 가든 들고 다녔다. 그때는 왜 그렇게 쓰고 싶은 것이 많았는지 학교에서 겪은 자잘한 일화에서부터 친구와의 수다, 좋아하는 선배에 대한 흠모, 나라와 민족에 대한 걱정에 이르기까지 주제가 다양했다. 신문사에 입사한 후로는 바쁜 일상에 치여 일기를 매일 쓰지는 못했지만 기자라는 직업 덕에 쓰고 싶을 때면 언제든 쓸 수 있었다.

당시에는 일이나 회사에 대한 불만, 전망에 대한 고민, 남자 이야기가 3대 주제였다. 결혼하고 엄마가 되고 직업을 바꾸면서 빈도는 점점 더 줄었지만, 나는 지금도 틈틈이 일기를 쓴다. 무엇이 나로 하여금 오랫동안 일기를 쓰게 만들었는지는 모르겠지만, 10대부터 40대까지 일기를 쓰다 보니 왜 일기를 써야 하는지, 일기를 쓰면 어떤 것이 좋은지에 대해서만큼은 확실하게 말할 수 있다.

일기는 스스로 만들어 가는 나의 일대기다. 하루하루 적힌 내용이 모두 스토리텔링의 소재이고 시간이 쌓이면서 그 자체로 또 하나의 스토리가 된다. 누구나 이야기 있는 삶을 살지만 일대기가 있는 사람과 없는 사람은 다르다. 역사 속 영웅들을 떠올려 보자. 그들이 영웅이 될 수 있었던 것은 역사에 기록을 남겼기 때문이다. 어쩌면 당대에는 가장 훌륭한 사람으로 여겨졌지만 기록이 없어 지금은 이름조차 남아 있지 않은 사람도 꽤 될 것이다.

일기는 스토리텔링을 토대로 스스로 멘토가 되는 과정이기도 하다. 나의 현재는 나의 과거가 만든 결과물이고, 나의 미래는 현재의 결과로 이루어질 것이기 때문이다. 과거를 되돌아보면 누구나 저절로 알게 되는 이 사실을 현재에서는 쉽게 깨닫지 못하는 것이 사람이다. 하지만 일기라는 기록이 있으면 얼마든지 가능하다. 내가 지금 무엇을 원하는지, 지금 이 자리에 왜 있게 되었는지, 비슷한 경험이 있었을 때 어떻게 행동했는지 등을 알 수 있다. 멘토로 다른 사람의 인생을 볼 때 그러하듯, 일기라는 나의 일대기에 담긴 이야기들을 보면 나의 현재가 보인다.

현재를 어떻게 채워가느냐에 따라 당연히 미래도 보일 수밖에 없다. 사람들이 자신에 대해 가장 깊이 고민하는 것, 내면의 목소리가 가장 말하고 싶어 하는 것은 미래일 것이다. 많은 이가 자신의 미래를 불안해한다. 예전에는 미래는 아직 오지 않은 시간이니 현재에 충실하면 얼마든지 만들어갈 수 있다고 여겼다. 하지만 지금은 그런 긍정적인 생각이 점점 빛을 잃어간다. 미래를 만들어가기에는 현실과의 격차가 너무 커졌기 때문에 그럴 수밖에 없다.

좋은 대학에 들어가기는 점점 어려워지고, 대학 내내 스펙 쌓기에 전념해도 원하는 기업에 취직하기는 하늘의 별 따기다. 아예 취업 자체가 힘들다. 설사 청년 백수를 면했다 하더라도 40대부터는 언제까지 일할 수 있을지 걱정해야 한다. 의학의 발달로 100세까지 살게 된다는데 과연 무엇을 하며 살아야 할지, 미래를 위해 무엇을 준비해야 할지 누구도 선뜻 대답해 줄 수 없다. 이제 미래는 알지 못해 불안하기도 하지만 도저히 만들 수 없을 것 같아서도 불안한 것이 되어 버렸다.

미래를 불안해하는 사람에게 막연한 격려나 내용 없는 희망의 메시지는 그다지 도움이 되지 못한다. 들을 때는 공감 하는 것 같지만 돌아서면 손에 쥐는 것이 없을 때가 대부분이다. 그럴 때 많은 멘토들은 자기의 옛이야기를 해 주거나 멘티의 지난 시절을 물어본다. 누군가의 비슷한 경험은 그 자체로 반면교사나 훌륭한 스승이 되는데 일기도 마찬가지 역할을 한다.

현재가 갑갑하고 미래가 불안하다면 일기를 써라. 예전에 썼던 일기를 뒤적여 보면 아마도 지금의 고민과 비슷한 상황이 있었거나 현재의 고민이 어떻게 시작되었는지 보일 것이다. 어쩌면 생각지도 못했던 해결책을 찾아낼 수도 있고 최소한 해결의 단서, 혹은 그 단서를 찾기 위한 단서라도 분명히 있을 것이다. 자기 문제를 가장 잘 아는 사람은 자기 자신이기 때문이다.

그리고 그것을 다시 오늘 일기로 써라. 그 과정이 바로 스토리텔링이며 언젠가는 그것이 또 다른 해결의 단서가 될 수도 있다. 나의 일대기는 그렇게 하루하루 채워져 가는 것이다. 일기를 쓰는 사람은 어떤 상황에서도 스스로 스토리텔링을 할 줄 안다.

내 인생으로부터 한 발짝 물러설 줄 안다는 것

일기는 단지 오늘 하루 있었던 사실을 기록하기만 하는 것이 아니다. 그저 일어났던 일을 시간 순으로 기록하기만 한다면 그것은 일기라기보다는 일지에 가깝다. 일기는 기본적으로 그날, 그 일을 겪었던 자기 자신에 관한 이야기이다. 지극히 주관적인 입장에서지만 어떤 상황에서 자신이 가졌던 여러 생각과 느낌을 풀어내는 것이다. 마치 자기 자신이 주인공으로 등장하는 드라마나 영화의 각본을 쓰고 그것을 작품으로 다시 감상하는 것과 마찬가지다. 내 일기의 유일한 관객은 바로 나 자신이니 말이다.

유난히 힘든 하루를 보내고 일기를 쓴다고 가정해 보자. 사람마다 다르겠지만, 어떤 일이 있었는지 쓸 것이고 그때 내 기분은 어땠는지도 당연히 들어갈 것이다. 그런데 그 일에 대해 쓰다 보면 불과 몇 시간이 지났을 뿐이지만 당시와는 조금 달라진 자신을 느낄 수 있다. 나 혼자 나의 과거를 글이라는 형태로 복기해보면 그때는 내 생각,

150

내 기분, 내가 뱉은 말에만 얽매여 미처 보지 못했던 다른 가능성을 생각해 보게 된다. 지기 싫고 무서워서, 어쩔 수 없어서 부딪히거나 외면했던 상대방의 심정도 헤아려 보게 된다. 그제야 보이지 않던 사건의 전모 혹은 실체가 눈에 들어온다. 마치 미술관에서 작품을 감상할 때 잘 보겠다고 바싹 붙어서는 보이지 않던 것들이 한발 두 발 뒤로 물러나면 서서히 보이기 시작하는 것처럼.

일기를 쓰다 보면 현재의 나는 과거의 나로부터 조금씩 분리된다. 내 인생이지만 한 발 떨어져서 보게 되는 것이다. 혹 너무나 격한 감정에 사로잡힌 나머지 그날 당장은 불가능할 수도 있다. 하지만 하루 이틀 일기를 쓰다 보면 결국 어느 순간에는 현재와 과거 사이의 분리가 일어날 수밖에 없다. 다른 날의 일기가 더해지면서 과거와 현재의 간격이 점점 벌어지는 것을 스스로 느낄 수 있다.

한편 일기는 내가 그날 무엇을 하고 무슨 생각을 했으며 어떤 느낌이 들었는지, 기억 너머로 사라질 과거를 고스란히 간직하게 해 준다. 망각과 잘못된 기억으로 과거가 윤색될 가능성은 거의 없다.

나 자신으로부터 한발짝 떨어지고 나면 비로소 가장 잘 보이는 상대는 바로 자기 자신이다. 똑같은 일을 두고도 내 쪽에서 잘못한 것은 없었는지 자신을 돌아보게 된다. 일기를 쓰는 사람과 쓰지 않는 사람의 가장 큰 차이는 바로 이러한 자기 성찰에 있다. 일기를 쓰는 사람은 상대적으로 자기 성찰의 폭이 넓을 수밖에 없다. 일기라는 글쓰기가 없다면 자신을 스스로 돌아보기란 절대 쉽지 않기 때문이다. 설사 성찰을 하고 반성을 한다 해도 시간이 지나면 흐지부지되기 쉽다. 같은 상황이 오면 언제 반성했나 싶게 같은 행동을 되풀이하는 것이 사람이다. 하지만 일기를 통해 자신을 돌아보다 보면 평소에는 미처 생각지도 못했던 것까지 성찰할 기회가 만들어지고 진심으로 반성했던 일은 일기를 통해 그만큼 오래 내 안에 남게 된다.

결국 내면의 목소리에 귀를 기울인다는 것은 내 안으로 함몰되는 것이 아니라 오히려 내 인생으로부터 한 걸음을 떼어놓는 일이다. 내 인생으로부터 조금 멀어진다는 것이 주인 의식을 내려놓고 그저 내 인생을 관조한다는 의미는 결코 아니다. 그보다는 내가 속한 세상에서 나의 위치를 조금 더 분명히 보고 거기서부터 자신의 인생을 더 다져갈 수 있다는 말이다.

내 삶을 한발 떨어져 바라보게 해 주는 일기는 오히려 자신의 삶에 남다른 의미를 느끼게 해 준다. 드라마를 보면서도 마음에 드는 주인공이 있으면 잘 되길 바라는 마음에 이런저런 조언을 해 주고 싶어지는데, 내 인생에 대해서라면 더 말할 필요도 없다. 삶의 의미란 부여하는 정도에 따라 달라지는데 내 삶의 의미를 나만큼 부여해 줄 사람이 또 있을까.

자신의 삶을 한발 떨어져 바라볼 수 있고 스스로 그 의미를 절감하는 사람은 결코 자신의 삶에 부정적이 될 수 없다. 힘든 일, 어려운 일, 속상한 일이 닥쳐도 내가 느끼는 감정에 스스로 휘둘리지 않고, 그런 감정을 갖게 된 상황을 파악할 수 있고, 나를 힘들게 한 사람의 입장도 헤아려 볼 줄 안다. 또 아무리 지독한 감정도 시간이 지나면 강도가 약해질 것이라는 사실로 자신을 달랠 수 있다. 용기와 확신, 희망으로 자신을 무장할 수 있다. 그런 점에서 일기는 자신을 돌아보고 가다듬고 다져가는 일상의 의례와도 같다.

나이가 들어서도 일기를 중요하게 생각하는 사람이 얼마나 될지 모르겠다. 일기를 써야겠다는 생각은 하면서도 하루하루 정신없는 생활 때문에 정작 일기를 쓰고 있는 사람은 그리 많지 않을 것이다. 하지만 내 삶에 스스로 의미를 부여하면서 가꿔 나가고 싶다면 일기는 지금 가장 먼저 시작해야 할 일이다.

매일 쓰지 않아도 좋다. 굳이 하루를 결산하며 밤에 쓸 필요도 없다. 일기장에 손글씨로 쓰는 것도 다 옛말이다. 일기를 쓰면서 살겠다고 생각하고, 무엇이든 쓰고 싶은 것이 있을 때 일기를 쓰는 것이 중요하다. 꾸준히 일기를 쓰면 나도 모르는 사이에 내 인생으로부터 한발짝 떨어져 나의 삶을 성찰하는 것이 가능해진다.

⌐ 할 일 목록 활용하기 ⌐

일기와 더불어 쓰면 좋은 글쓰기 포맷이 하나 더 있다. 해야 할 일들을 정리하고 우선순위를 매기는 일명 '할 일 목록To Do List'이다. 말 그대로 해야 할 일들을 적어 놓은 목록인데 혹시 잊어버리거나 빼놓지 않도록 일을 시작하기 전에 미리 만들어 두는 경우가 대부분이다.

하지만 목록이라고 해도 쇼핑할 때 사야 할 물건들을 죽 적어 놓는 쇼핑 리스트와는 좀 달라야 한다는 것이 내 생각이다. 쇼핑 목록에는 사야 할 순서가 정해져 있지 않다. 그리고 한 번 사면 일단 상황은 종료된다. 굳이 그다음 단계를 생각할 필요가 없다. 하지만 할 일 목록은 무엇을 먼저 할 것인지 순서를 정할 필요가 있다. 그것이 단순히 할 일들을 뽑아 보는 것보다 훨씬 더 중요하다. 그리고 대부분의 일이 한 번으로 끝나기보다는 진행 상황에 따라 계속 새로운 일이 생겨나기 때문에 지속적으로 덧붙이는 일도 필수다.

나는 오래전부터 할 일 목록을 만들어 쓰고 있다. 내가 만든 최초의 할 일 목록은 중학교 1학년 첫 중간고사 준비를 위해 만든 것이었다. 초등학교 때와 비교할 수 없이 배우는 과목이 많아져 공부할 시간이 부족하다 보니 고민 끝에 만든 나름의 묘안이었다. 시험 발표가 나고 범위가 정해지면 날짜별로 공부할 과목과 분량을 정하고 그 순서대로 시험 준비를 하는 식이었다.

그렇게 하니 전 과목을 내 준비 정도나 시험 비중에 따라 안배해 가며 공부할 수 있었고 무엇보다 허둥대던 마음이 한결 줄어들었다. 나는 이런 단기 시간표 형식의 할 일 목록을 고등학교, 대학교를 거쳐 신문사 입사 시험을 볼 때까지 계속 만들었다. 공부할 과목과 분량이 많아질수록 할 일 목록은 더욱 요긴해졌다.

기자가 되고 나서는 아예 일주일 단위로 할 일 목록을 만들었다. 처음에는 메모 스타일이었지만, 10여 년 전부터는 엑셀을 활용하기 시작했다. 그 주에 써야 할 기사와 만나야 할 취재원들을 나열하고 회의나 기타 주요한 행사들로 항목을 정해 진행 상황을 업데이트하는 식으로 운영했다. 자연히 지시받은 일을 빼 먹는 경우도 없었고 일을 추진하는 데 있어서도 제법 속도감 있다는 평가를 받을 수 있었다.

나는 기업에 와서 할 일의 종류가 훨씬 많아진 지금도 할 일 목록을 쓰고 있다. 목록을 만드는 단위가 일주일에서 프로젝트로 달라졌을 뿐이다. 새 프로젝트가 생길 때마다 항목을 만들고 진행 상황을 단계별로 정하거나 중간 마감 날짜 등을 점검하며 수시로 업데이트한다. 중간 단계를 통과하면 배경색을 바꿔 일의 진행 상황을 한눈에 알 수 있게 한다. 체중조절이나 아이 유치원 정하기처럼 한 번에 풀리지 않거나 시간이 걸리는 일이라면 사적인 영역에서도 할 일 목록부터 작성하고 본다.

흔히 할 일 목록은 꼭 해야 할 일을 반드시 하겠다는 차원에서 활용하는 경우가 대부분이다. 시중에 나와 있는 각종 할 일 목록도 대부분 그런 용도로 만들어져 있다. 하지만 할 일 목록이 단지 계획을 실천하는 데만 요긴한 것은 아니다. 내 시간, 나아가 내 인생을 좀 더 짜임새 있게 만드는 데도 대단히 도움이 되는 방법이다. 단, 일기와 함께 쓸 때의 이야기다.

일기가 평생에 걸쳐 쓰는 나의 기록이라고 한다면, 할 일 목록은 그 기록을 써나가는 데 필요한 일종의 예비자료 같은 것이다. 정기적으로 기록한다는 점, 현재를 점검하고 미래를 계획할 수 있도록 한다는 점, 그리고 자신의 과거를 일람하고 나아가 자신의 인생을 원거리에서 조망할 수 있게 해준다는 점에서 형식이 다를 뿐, 궁극적으로 일기와 할 일 목록은 같은 맥락에서 활용할 수 있다.

할 일 목록이 있으면 일기도 자연히 조금 더 틀을 잡아가게 된다. 하루에 일어났던 일을 마구잡이로 혹은 그때그때 기분 내키는 대로 쓰지 않고 일관된 주제로 하루를 재구성하고 그 속에서 자신을 돌아볼 수 있게 한다. 자신의 관심사항에 조금 더 집중할 수 있고, 자기 자신을 위한 다양한 프로젝트를 만들어간다는 느낌도 들 수 있다. 할 일 목록의 항목을 하나하나 완성해 나갈 때의 묘한 성취감도 빼놓을 수 없다. 혹 너무 바빠 일기를 쓰지 못할 경우 할 일 목록이라도 써두면 한시적으로 좋은 대체재가 되기도 한다.

워드든 엑셀이든 파일 형식은 관계없다. 휴대전화나 아이패드 같은 곳에 틈틈이 기록해도 좋다. 기간도 일주일, 한 달, 분기 혹은 1년 이상이라도 상관없다. 자신의 상황에 맞게 정해 놓고 그 기간 해야 할 일들을 정리해 놓으면 된다. 처음부터 미리 다 정해 놓는 예도 있지만, 대개는 중간에 새로운 일이 생길 수밖에 없으므로 그때그때 조절해 가면 된다.

기왕 일기를 쓰기로 작정했다면 할 일 목록도 함께 꾸려 보자. 내용이 있으니 일기 쓰는 습관을 들이기에도 좋다. 이미 일기를 쓰고 있다면 약간의 시간을 더 들여 할 일 목록을 만들기만 하면 된다. 일기 쓰기에 조금 더 탄력이 붙을 것이다.

있는 그대로의
느낌을 담아라

사적인 글쓰기가 나 자신과의 소통을 위한 장이 되려면 몇 가지 지켜야 할 원칙들이 있다. 특별한 것은 아니다. 소통이 되려면 우선 대화가 이루어져야 한다.

대화의 원칙은 두 가지다. 먼저 상대방의 말을 경청해야 한다. 상대방이 말을 할 수 있도록 하려면 무엇보다 들어주는 사람이 열린 마음을 가지고 있어야 한다. 무슨 말을 하건 일단 들어준다는 자세를 보여야 하고, 상대가 말을 할 때 자르거나 반박하기보다는 긍정해주고 반응을 보여야 한다. 고정 관념을 가지고 상대방을 판단하려고 해서도 안 된다. 그래야 말하는 사람이 편하게 자기 이야기를 꺼내놓을 수 있다.

상대방이 편하게 말할 수 있도록 한 다음엔 말하는 사람도 솔직하게 자신을 드러내야 한다. 좋은 이야기든 나쁜 이야기든 일단 속마음을 터놓고 해야 한다. 상대방은 기꺼이 속내를 보이는데 내 속은 꽁꽁 감추고 있으면 대화가 잘 이루어지지 않는다. 속을 보어준 상대방이 금세 알아차리고 경계하기 때문이다. 내가 내 이야기를 해야 상대방도 조금 더 자기 이야기를 하게 된다. 자기 생각이나 의견, 감정 등은 하나도 보여 주지 않은 채 상대방에게 조언하거나 훈수를 하려고 해서는 곤란하다. 오히려 어쭙잖은 훈시로 받아들여질 소지가 다분하다.

열린 마음과 솔직함, 이 두 가지 원칙은 나만을 위한 글쓰기에서도 가장 필요한 것이며, 동시에 가장 어려운 일이기도 하다. 나 자신과 대화를 할 때는 당연히 고정관념을 가질 필요도 없고 속내를 감출 필요도 없다. 하지만 글을 써보면 그게 말처럼 쉽지만은 않다는 것을 당장 느낄 수 있다.

우선 무언가에 대해 좋다, 신이 난다, 즐겁다 등의 감정을 느낄 때 그 느낌을 글로 써 보라. 자신이 느끼는 감정의 깊이만큼 글로 써내기란 쉽지 않다. '좋으면 됐지, 무얼 그리 시시콜콜 써야 하나'라는 마음이 들게 마련이다. 세상이 각박해지고 자기 속을 보여주는 것이 어쩐지 손해 보는 일처럼 여겨지면서 사람들은 스스로에게도 솔직해지기 어려워졌다. 희로애락을 겉으로 드러내 보이는 것이 어린애 같거나 세련되지 못한 태도처럼 여겨지는 비즈니스의 세계에서는 특히 그렇다. 그러다 보니 무슨 일에든 무덤덤해지고, 심지어 자신이 가지고 있는 감정이 무엇인지 제대로 느끼지 못하는 경우도 다반사다.

하지만 적어도 스스로에게만큼은 솔직해질 필요가 있다. 자신의 내면이 말하는 소리에 귀를 기울이고 자신이 가진 모든 가능성에 대해 열린 마음을 가지지 못한다면, 무엇을 하든 스스로 만족하는 삶을 살기란 어렵다. 자신에게 열린 마음을 가지지 못한다는 것은 스스로에게 고정관념을 갖는다는 것과 같은 뜻이다. 내가 원하는 것보다 내가 해야만 하는 것에 방점을 찍는다면 무엇을 해도 힘겨울 수밖에 없다.

나를 먼저 드러내 보일 수 있다는 것은 스스로에 대한 자신감의 표현이기도 하다. 좋은 모습이든 나쁜 모습이든 있는 그대로의 나를 내가 인정하지 않는다면, 다른 누구도 나를 이해해줄 리 없다. 자신의 단점을 알고 있다면, 그것을 고쳐 나갈 가능성도 충분히 있다는 얘기다.

자기 자신에게조차 자신을 드러내 보이지 못한다면 세상과의 소통도 점점 더 멀어질 뿐이다. 희로애락 같은 원초적인 감정을 충분히 느끼지 못하는 한, 다른 사람과의 소통이 제대로 될 리 없다. 어떤 대화를 하든 결국은 벽에 부딪히기 마련이다. 따지고 보면 세상살이는 인간의 희로애락에 의해 움직이는 것이 아닌가. 나의 감정에 솔직할 수 있어야 다른 사람의 감정도 이해하고 받아들일 수 있는 여유가 생기는 것이다. 특히 기쁘고 즐거운 마음, 감사하는 기분을 느낄 때 이를 마음껏 발산하면 자기 자신뿐 아니라 주위 사람들까지도 즐겁게 만든다. 늘 활기차고 웃는 얼굴을 하는 사람을 보고 있으면 조금 더 가까이하고 싶은 것이 인지상정이다.

일기를 쓰기 시작했다면 최대한 솔직해져라. 좋은 일이나 기쁜 일, 즐거운 일이 있으면 왜 좋은지, 얼마나 좋은지 쓸 수 있는 만큼 충분히 쓰겠다고 생각하라. 멋지게 쓸 필요도 없다. 유치하다 싶을 만큼 솔직하고 적나라하게 기쁜 마음을 표현해 보자. 한 줄 한 줄 자신의 좋은 감정을 써나가는 과정에서 그 감정들은 또 한 번 증폭된다. 좋은 감정은 좋은 글을 불러온다.

그리고 좋은 감정들을 글로 쓰면 자기 안에 든든한 에너지원을 마련해두는 셈이 된다. 가장 행복했던 순간을 떠올리면 아무리 힘들어도 미소짓게 되는 것처럼 일기에 좋은 느낌을 잔뜩 담아 두었다가 나쁜 일, 힘든 일이 있을 때 다시 읽어 보면 글에서 행복한 느낌이 전해져 부정적인 기운들이 조금은 가라앉을 것이다. 행복할 때 행복하다고 쓸 수 있는 사람은 행복한 사람이다. 글쓰기는 행복한 마음을 더 행복하게, 긍정적인 마음을 더 긍정적으로 만드는 묘한 힘이 있다.

글로 분노를 다스리는 법

좋은 이야기보다 나쁜 이야기, 속상한 이야기, 부정적인 이야기들은 더욱 쓰기가 꺼려진다. 혹시라도 누가 볼까 걱정도 되고, 굳이 안좋은 이야기를 기록으로 남겨 두는 게 왠지 께름칙하게 느껴지기도 한다. 하지만 사적인 글쓰기에서는 즐거운 느낌이나 좋은 기분에 솔직해야 하는 것만큼 부정적인 느낌에도 솔직해야 한다. 보는 사람도 없고 신경 쓸 사람도 없으니 충분히 솔직할 수 있다. 마음에 걸리는 건 사실 자기 자신이다. 기쁠 때 기쁘다고 말하는 것과 슬플 때 슬프다고 쓰는 것이 무엇이 다른가?

다른 점이 하나 있다면 글을 썼을 때의 효과다. 좋은 느낌을 글로 썼을 때와 나쁜 느낌을 글로 썼을 때의 효과는 정반대다. 좋은 이야기를 글로 쓰면 좋은 느낌이 더욱 증폭돼서 글을 쓰는 사람은 더욱 기분 좋은 상태가 된다. 하지만 나쁜 느낌을 글로 쓰면 반대로 그 느낌이 줄어든다.

울고 싶으면 참지 말고 울라고 한다. 맞는 말이다. 울음은 참고 있으면 커다란 돌덩이처럼 마음을 짓누른다. 하지만 실컷 울고 나면 속이 시원해진다. 맺혀 있던 감정이 내려가는 느낌과 함께 허전하기도 하고 묘한 쾌감도 느끼게 된다. 카타르시스다. 글쓰기도 마찬가지다. 부정적인 느낌, 나쁜 일이 있다고 해서 피하면 그 느낌은 고스란히 그 사람의 내면에 남아 있다. 시간이 지나면 감정의 색은 옅어질 수 있지만, 완전히 사라지기는 어렵다. 쏟아내지 않았기 때문에 극복하기도 어렵다. 잘 참고 있다가도 한계에 다다르면 엉뚱한 곳에서 터져버리는 것이 부정적인 감정의 찌꺼기들이다.

나쁜 감정 중에서도 가장 질긴 것은 분노다. 요즘 우리나라 사람들은 이른바 '분노의 시대'를 살고 있다고 한다. 젊은 사람들이나 나이 든 세대나 가슴 속에 화를 간직하고 산다는 것이다. 자기만 억울하게 산다는 생각에 속이 상하고, 성공한 사람을 보면 헐뜯고 싶어진다. 심지어 어린 학생들도 스스로 분노를 주체하지 못해 폭력을 행사하곤 한다. 희로애락의 감정 중에서 노여움만이 비정상적으로 두드러져 있는 셈이다.

그 원인이 무엇이든 분노는 누구보다 자기 자신에게 해가 된다. 다른 사람이나 세상을 향해 원망과 질타를 늘어놓고 나면 순간적으로 통쾌하다 싶지만 상대에게 상처를 주면 그만큼 자신도 내상을 입는다. 맞은 사람은 발 뻗고 잘 수 있어도 때린 사람은 그렇지 못하다는 옛말 그대로다. 또 분노는 다른 분노를 부르게 마련이어서 남에게 화를 내면 상대방 역시 자신에게 화를 내게 된다. 분노로 해결될 수 있는 상황은 거의 없다. 결국 분노의 결과는 내 안에 불편과 부담으로 남게 될 뿐이다.

분노보다 강도가 약한 스트레스도 마찬가지다. 스트레스는 자기 안에 고스란히 쌓인다는 점에서 오히려 분노보다도 치명적일 수 있다. 물론 스트레스를 안 받는 것이 최선이겠지만 스트레스를 아예 안 받고 산다는 것은 불가능하다. 병의 종류를 막론하고 의사들이 "스트레스 받지 마시고요"라며 처방 아닌 처방을 내릴 때마다 얄밉다는 생각이 들 정도다.

피할 수 없다면 방법은 하나뿐이다. 분노나 스트레스를 적당히 발산하고 스스로 정화하는 것이다. 분노든 스트레스든 참으면 독이 된다. 분노나 극심한 스트레스가 속으로 쌓여 생기는 것이 울화병이라고 하지 않는가. 하지만 무턱대고 '배설'하거나 다른 사람에게 피해를 주는 것도 정답은 아닐 것이다. 노기를 가라앉히고 자신을 달래 다른 감정 상태로 만드는 것이 백 번 현명한 일이다.

화 또는 스트레스를 가라앉게 하는 방법에는 여러 가지가 있겠지만 글쓰기만큼 손쉽고 효과가 좋은 것도 없다. 방법은 좋은 느낌을 쓸 때와 똑같다. 그냥 화나고 스트레스 받는 것에 대해 있는 그대로 쓰면 된다. 시시콜콜 미주알고주알 더는 쓸 말이 없다는 생각이 들 때까지 쓰면 된다. 화가 머리끝까지 치미는데 어떻게 차분하게 앉아서 글이나 쓰고 있느냐고 생각할 사람도 있을 것이다. 하지만 충분히 가능하다. 화가 났을 때 미친 듯이 자판을 두드려보면 알 수 있다. 술을 마시거나 운동을 하거나 잠을 자는 것과 방법이 다를 뿐이다.

일기장을 상대로 한바탕 쏟아 붓고 나면 애초의 분노는 자신도 놀랄 만큼 가라앉아 있다. 극심했던 스트레스도 한결 나아져 있다. 그

다음 자기가 썼던 글을 한번 읽어 보라. 휘몰아쳤던 감정의 광풍과 그것이 사라진 뒤에 찾아온 고요함이 얼마나 다른지 적나라하게 느낄 것이다.

그리고 조금 더 시간이 흐른 뒤 다시 글을 쓸 마음의 여유가 생기거든 그때 다시 그 일에 대해 일기를 써 보자. 그때는 분노의 원인에 대해, 분노한 자신에 대해, 그리고 분노를 해결해 보겠다는 노력에 대해 조금은 차분하게 쓸 수 있을 것이다. 그리고 과거 그 상황에서 상대방에게 분노를 퍼붓지 않길 잘했다고 자신을 칭찬할 수도 있다.

부정적인 느낌에 대해서도 열린 마음으로 솔직해지겠다고 생각하면 일기 쓰기는 그 무엇보다도 좋은 치유의 과정이 된다. 가장 극렬한 감정인 분노를 글로 다스릴 수 있다면 다른 부정적인 느낌들은 훨씬 수월하다. 스스로 감정을 다스리고 치유할 수 있는 사람은 자신의 삶을 더욱 좋은 쪽으로 가꿔 나간다. 좋은 감정은 더 끌어당기고, 나쁜 감정은 얼른 몰아낼 수 있기 때문이다.

시작은 감상문부터

평소 감정 표현을 잘 하지 않던 사람이라면 글이라고 해도 갑자기 자신의 감정을 드러내기란 쉽지 않다. 아무리 자기 자신과의 소통을 위한 글쓰기라고 해도 변화에는 많은 시간과 용기가 필요하다. 특별한 계기가 있다면 하루아침에 180도 달라질 수도 있겠지만 대부분은 조금씩 변해가게 되고 그편이 자연스레 자기 것을 만드는 길이기도 하다. 특히 아직 글쓰기 자체가 몸에 익지 않은 사람이라면 하루 이틀 조금씩 습관을 들여가는 것이 심적인 부담 없이 글쓰기의 맛을 느낄 수 있는 기회다.

느낌을 드러내는 글쓰기 훈련을 하기에 가장 좋은 방법은 감상문이다. 감정을 표현해야 할 대상이 확실하기 때문이다. 글로 자신의 느낌을 드러낼 수 있으려면 우선 감정을 느낄 구체적인 대상이 있어야 한다. 예를 들어, 봄에 대한 느낌을 글로 쓴다고 해보자. 감정을 자극하기에 충분한 주제이긴 하지만 너무 추상적이다. 어떻게 시작할지 막막하기만 하다. 하지만 봄 풍경을 그린 그림을 보고 그에 대한 느낌을 쓴다고 하면 훨씬 수월하다. 눈앞에 보이는 것이 있으니 거기서부터 느낌을 풀어나가면 되기 때문이다.

만일 자신의 감정이나 느낌을 글로 쓴다는 게 너무 막연하거나 멀게 느껴진다면 특정한 대상으로 범위를 좁혀 감상문을 써보자. 훨씬 느낌이 강해지고 쓰기도 쉬워진다. 글쓰기를 처음 시작하는 초등학교 아이들에게 독후감이나 감상문 등을 숙제로 주는 데는 다 이유가 있는 것이다. 대상은 영화, 소설, 그림, 음악, 음식 무엇에 관해서든 좋다. 자신이 특별히 애착을 가지고 있는 장르라면 더더욱 좋다.

감상할 대상을 정했으면 그다음은 감정에 집중해야 한다. 대상이 아니라 그에 대한 자신의 느낌에 무게 중심을 두어야 한다는 얘기다.

몇 년 전 대학에서 언론홍보학부 학생들을 대상으로 〈취재보도실습〉
이라는 과목을 가르치면서 영화평 기사 쓰기 실습을 해보았는데 뜻
밖에 많은 감상문이 감상이 아니라 대상에 대한 정보 전달에 그치는
것을 보고 놀란 적이 있었다.

자기 느낌이 아니라 여기저기서 얻은 정보를 그저 나열한 것이었
다. 사고와 마찬가지로 감정의 집중도 저절로 일어나지는 않는다는
것을 깨달았다. 주어진 정보에 대해 지금 자신이 느끼는 감정이 어떤
것인지, 그 감정이 어디에서 비롯되고 있는지, 어디까지 끌어올릴 수
있는지도 의식적으로 꾸준히 노력해야 가능한 일이다.

자신이 감상한 대상에 대해 떠오르는 느낌이 있으면 일단 거기에
집중하라. 그리고 그 느낌을 시작점으로 어떤 느낌과 단상이 떠오른
다면 놓치지 말고 따라가면서 그 느낌을 글로 기록하면 된다. 그저
'좋다' '싫다'에 머물지 말고 무엇이라도 느껴지는 것이 있다면 최대
한 자세히 써 보는 것이 중요하다. 행복한 기분을 글로 쓸 때 스스로
행복해질 수 있는 것처럼 감상문을 쓸 때도 자기의 느낌을 최대한 증
폭시킬 필요가 있다.

자신의 느낌을 끄집어내고 집중하는 데 어느 정도 익숙해졌다면
그다음은 대상과 자신의 느낌을 연결 짓는 연습을 할 차례다. 감상
문이라고 해서 그냥 솟아나는 감정을 있는 그대로 늘어놓기만 하는
것은 바람직하지 않다. 적어도 사적인 글쓰기를 연습하는 단계에서

는 내 감정이 어디서부터 연유했는지를 거꾸로 찾아가 보려는 의식적인 노력이 필요하다.

같은 대상이라도 보는 사람마다 다른 느낌이 드는데, 그 대상의 어떤 부분이 나에게 그 느낌을 불러일으켰는지 알면 자신의 느낌을 더욱 깊게 이해할 수 있기 때문이다. 처음에는 애매해 보이지만 따지고 들어가 보면 분명 느낌과 대상이 만나는 지점이 있다. 몇 번만 해보면 금세 익숙해지기 때문에 자신의 패턴을 찾아낼 수도 있을 것이다. 그렇게 하면 스스로 느낌을 드러내기도 훨씬 쉬워진다.

모든 느낌을 대상으로 할 필요는 없다. 자신이 느끼는 여러 감정 중에서 가장 크게 다가오는 것이나 특별하다고 생각되는 한두 가지 느낌에 초점을 맞추면 된다. 그 편이 쉽기도 하고, 느낌을 끄집어내고 연결 짓는 연습을 하기에도 효과적이다. 이는 수많은 정보를 골라내고 자기의 관점을 세워가는 논리적 글쓰기 연습과 마찬가지다.

흔히 보는 영화 기사를 예로 들어 보자. 물론 영화 기사는 아직 그 영화를 보지 못한 독자들을 대상으로 하므로 정보가 많이 담길 수밖에 없다. 하지만 모든 리뷰 기사에는 영화라는 대상에 대한 정보와 설명뿐 아니라 그에 대한 기자의 느낌이 한두 가지 포인트로 연결되어 있다. 생각 없이 보면 그저 영화의 이야기를 소개하고 그에 대한 약간의 감상을 덧붙이는 것 같지만 자세히 보면 구체적인 대상에 관한 정보와 거기에서 비롯된 느낌이 유기적으로 연결되어 있다. 큰 기사, 잘 쓴 기사일수록 그 연결은 촘촘하다. 그래서 기자가 잡아낸 포인트가 극히 세부적이라 하더라도 독자들의 공감을 얻을 수 있다.

사적인 글쓰기를 언습하는 감상문이 꼭 독자를 전제로 하는 리뷰 기사의 포맷을 따를 필요는 없다. 하지만 구체적인 대상으로부터 느낌을 끌어내고 그것을 표현하는 방식을 배워둘 필요는 있다. 만일 자신이 쓴 감상문의 대상이 기사화된 것이라면 자신의 글과 미디어의 기사를 비교해 보는 것도 좋은 연습이다. 감상문에 정답이 있을 수 없지만, 같은 대상에 대해 자신이 보지 못하는 대상에 대한 정보나 자신이 미처 갖지 못한 느낌을 누군가 글로 풀어냈다면 그 차이를 비교해 보는 것만으로도 새로운 느낌이 들게 될 수 있기 때문이다.

☞ 나도 X파일이 있다 ☜

스트레스 중에서 가장 큰 스트레스는 바로 인간관계에서 오는 스트레스일 것이다. 일 때문에 받는 스트레스도 결국 따지고 보면 사람에게서 비롯되는 것이 대부분이다. 나 자신을 포함해 적지 않은 이들이 일 많은 건 참아도, 싫은 사람하고 일하는 건 참기 어렵다고 토로한다.

하지만 어디 내 마음에 드는 사람, 나 좋아하는 사람하고만 일할 수 있는 세상인가. 나이가 들고 직장 생활을 하면 할수록 오히려 그 반대의 경우가 훨씬 많다는 사실을 절감하곤 한다. 싫은 사람이라고 해서 대놓고 싫은 표시를 할 수 없고 그래서도 안 된다.

인간관계에서 오는 스트레스가 특히 힘든 이유는 대개 같은 회사, 같은 팀, 혹은 가족처럼 날마다 얼굴을 맞대고 함께 일하는 사이거나 피할 수 없는 관계에서 발생하기 때문이다. 또 상대방과 관련된 문제이므로 나 혼자서 해결하기는 더더욱 어렵다. 결국 미리 예방하는 것만이 최선인데 다행히 인간관계 스트레스는 어느 정도 예방이 가능하다.

이 스트레스를 예방하려면 무엇보다 나에게 스트레스를 줄 만한 관계나 성향이 있는 사람에 대해 잘 파악하고 있어야 한다. 문제가 생겼을 때는 이미 늦다. 평소에 그 사람의 성향이나 관심사, 버릇, 특징 같은 것들을 충분히 알고 있어야 한다. 사소한 것 같지만 문제나 갈등이 불거졌을 때는 오히려 그런 것들이 결정적인 역할을 하는 경우가 많다. 또 최초 갈등이 생겼을 때 상대방의 반응도 숙지할 필요가 있다. 갈등 상황에서는 누구나 같은 패턴을 반복하는 경향이 있기 때문이다. 말하자면 그 사람에 대해 표 나지 않게 나만의 '관리'를 하는 셈이다. 영업사원들의 고객관리나 기자들의 취재원 관리를 생각하면 된다. 전자든 후자든 자신의 분야에서 중요하다고 생각되는 사람들은 나름의 방식으로 관리한다. 관리라는 게 다른 게 아니라 그 사람에 대한 모든 것을 꿰고 챙기는 것이다.

기자라면 취재원의 배경, 업적, 최근의 이슈는 물론이고 사생활, 관심사, 취미 등 가능한 많은 정보를 취합하고 그 사람의 일정을 수시로 점검한다. 주로 정치인이나 기업 임원들, 고위 공무원 등 만나기 쉽지 않은 이들이 대상이 된다.

기자 시절 나는 정말 중요한 취재원들에 대해서는 아예 별도의 문서를 만들어 관리했다. 만나기 어려운 사람들이라 일단 자료를 만들어 두는 것이 유리할 것 같다는 생각에서였다. 처음에는 단순히 연락처나 소속 등을 기록했다. 하지만 점차 그 사람에 관한 기본 자료들을 정리하는 단계를 넘어 주변 사람들의 평판까지 외연을 넓혔다. 또 직접 만났을 때 관찰했던 사실이나 특이사항, 주관적인 느낌들은 물론이고 한 번이라도 인터뷰를 했으면 기억에 남는 말들도 적어 두었다. 자료와 평판, 관찰이면 웬만한 사람들은 대개 파악할 수 있었다. 어느 정도 시간이 지나면 그 문서는 단순 기록 이상이 되었다. 말하자면 나만의 X파일이라고나 할까. 덕분에 잠깐을 만나도 원하는 대답을 얻기 쉬웠다.

취재원 관리에 X파일이 요긴하다는 것을 깨달은 나는 내부용 버전을 하나 더 만들어 일기에 끼워 넣었다. 부장 이하 같은 부서에서 일하는 동료 하나하나에 대해 첫인상에서부터 담당 영역, 이전 부서에서의 경력, 특이사항 등을 적어 두었다. 불만이 있으면 불만을 적었고, 본받을 만한 점이 있으면 본받을 만한 점을 적었다. 나와 있었던 일은 거의 기록했고 시간이 지나면서 나름의 평가도 매겨 두었다. 막연하게 친하다, 친하지 않다가 아니라 나름대로 근거를 둔 평가이니만큼 그 사람에 대해서는 물론이고 그 사람과의 관계를 통해 나 자신을 돌아보는 데도 도움이 되었다.

특히 팀 단위 작업을 많이 하는 부서나 매일 얼굴을 맞대고 생활해야 하는 내근 부서에서는 상대적으로 X파일 안에 담기는 정보도 풍부했고, 활용하는 빈도도 높을 수밖에 없었다. 낯선 팀에서는 기존 구성원들에 빠르게 적응하는데 도움이 되었고 특히 윗사람과 갈등이 생기거나 동료, 후배들과 사소한 의견 충돌을 빚었을 때는 제법 든든한 방패막이 역할까지 했다. 직접 부딪히기보다 적당한 거리를 유지하면서 내가 원하는 방향으로 관계를 맺으려 한 덕분에 인간관계 스트레스도 훨씬 줄일 수 있었다.

　나만의 X파일은 내 인생을 좀 더 만족스럽게 만들 수 있는 또 하나의 사적인 글쓰기로 활용할 만하다. 인간관계 때문에 스트레스에 시달리고 있다면 나만의 X파일을 만들어 보자. 지나치게 상세하지는 않아도 된다. 인간관계 스트레스에 부딪혔을 때 상대방을 축으로 생각해 볼 수 있는 정보만 담겨 있다면 성공이다. 그래야 객관적인 시선에서 내가 할 수 있는 노력도 가닥을 잡을 수 있다. 나만의 X파일을 활용하면 100% 완벽한 예방은 아니더라도 사람 스트레스는 분명 줄일 수 있다.

두려움과 **대면하기**

자기와의 소통에서 가장 힘든 것은 두려움이 아닐까. 사람은 누구나 두려움을 가지고 있다. 그 대상과 정도만 다를 뿐이다. 분노는 격렬한 대신 밖으로 발산할 수 있다. 하지만 두려움은 정반대다. 두려움은 그 존재를 받아들이기부터 쉽지 않다. 내가 무언가를 두려워하고 있다는 사실을 인정하는 것도 두려운 일이기 때문이다. 그래서 두려움을 가지고 있는 사람들은 그것을 감추기 위해 겉으로 아닌 척, 센 척하게 된다. 하지만 고개를 돌린다고 두려움이 사라지는 것도 아니고, 피한다고 극복이 되는 것도 아니다.

또한 두려움은 지극히 개인적인 문제다. 남들은 아무렇지 않다고 해도 내가 두려우면 두려운 것이다. 그래서 두려움을 극복하는 과정은 자기와의 싸움 중에서도 가장 힘겨운 싸움이다.

174

두려움은 남들이 알기 어려운 내밀한 것이기에 글을 통한 치유의 효과도 그만큼 크다. 누군가의 도움을 받아야 한다면 모를까, 혼자서 나의 두려움을 극복해 나가는 데는 글만 한 것이 없다.

글을 통해 두려움을 극복하는 첫 번째 단계는 두려움을 인정하는 것이다. 내가 무언가를 두려워하고 있다는 사실부터 받아들이지 않으면 결코 두려움을 이길 수 없다. 만일 무언가를 두려워하고 있다면 자신의 두려움을 있는 그대로 글로 쓰는 것부터 시작해야 한다. 기쁜 감정이나 분노처럼 두려움도 자세히 쓰면 쓸수록 좋다. 자신의 감정과 대면하는 것은 지극히 원초적인 차원의 커뮤니케이션이 되어야 한다. 나의 두려움에 대해 스스로조차 속이려 한다면, 그 사람은 두려움 때문에 결국 아무것도 제대로 할 수 없게 된다.

두렵다는 사실을 인정한 다음에는 두려움의 대상에 대해 쓸 차례다. 이 단계는 두려움의 존재를 인정하려는 첫 번째 노력보다 조금 더 힘겨울 수도 있다. 하지만 자신이 두려움을 가지고 있다면, 무엇을 왜 두려워하고 있는지 정확하게 알아야 한다. 두려움의 실체를 명확하게 모르면, 처음에는 단순하고 직접적이었던 두려움이 점점 커져 나중에는 그 자체가 가장 두려워지는 상태가 된다. 말 그대로 두려움을 두려워하는 것이다.

이런 막연한 두려움은 애초의 조건이 변하거나 심지어 대상이 사라진 후에도 그 사람을 지배하기도 한다. 나중에 비슷한 상황을 겪게 되거나 다시 예전의 악몽이 되살아난다 싶으면 겁부터 먹고 그럴 수록 더욱 피하거나 무리수를 두게 된다.

두려움의 대상에 대해 쓸 때는 가능한 한 세세히 분석하겠다는 마음이어야 한다. 나의 현재 상태를 진단하고 두려움이 생기게 된 애초의 원인은 무엇인지, 어떤 조건에서 가장 두려움을 느끼는지, 두려운 상황을 피할 수 있는 대안은 없는지 등. 또 두려움의 실체를 객관적으로 설명하는 데 집중해야 한다. 스스로 두려움을 인정하고 그 대상을 정확히 알고 나면 그것만으로도 두려움은 훨씬 줄어든다. 실체를 파악한 이상, 두려움을 극복하기 위한 구체적인 방법도 자연히 고민하고 시도해 보게 된다. 두려움을 부정하고 피해 달아나는 대신, 두려움과 맞설 생각을 하게 되는 것이다

나는 미국 유학 시절 글쓰기를 통해 두려움과 대면하는 방법을 깨달았다. 첫 학기, 대학을 졸업한 지도 한참인데다 대학원의 토론식 수업도 처음이었다. 게다가 영어라니. 다른 학생들이 하는 말을 대충은 알아 듣겠는데, 말을 끊고 들어가기가 쉽지 않았다. 아니, 솔직히 그럴 엄두가 나지 않았다. 많은 한국 유학생이 그렇듯 조용히 앉아 있었지만 불편하기 짝이 없었다. 수업이 거듭되면서 도저히 이대로는 안 되겠다는 생각이 들었다.

나의 이런 모습을 남에게 보여주기도 싫었지만 도와줄 수 있는 사람도 없었다. 혼자 해결할 수밖에 없었다. 어느 날 날을 잡고 나의

176

'영어 공포'를 완전히 해부해 보기로 했다. 일기장을 꺼내 나의 영어 실력과 수업에서 쓰는 영어 수준을 비교해 보고 어떨 때 가장 영어가 하기 싫은지, 영어를 못했을 때 가장 두려운 결과는 무엇인지, 현재 상황에서 할 수 있는 것들은 어떤 것이 있는지 등 '나와 영어'라는 주제를 놓고 갈 수 있는 데까지 파고들자는 생각이었다.

온종일 골머리를 싸맨 끝에 스스로 내린 결론은 내 두려움이 영어를 아예 못하기 때문이라기보다 혹시 영어를 못할까 봐 걱정하는 데서 비롯된다는 것이었다. 그리고 내가 미국 학생들과 똑같은 수준으로 영어를 해야 한다는 강박관념을 가지고 있다는 것을 깨달았다. 애당초 말도 안 되는 이야기였지만, 어쨌든 그들처럼 유창하게 못하는 걸 들키고 싶지 않은 마음에 아예 말을 하지 않으려 했던 것이었다. 실제 미국 교수들이나 학생들은 당연하게 여기는 나의 외국인 영어를 나만은 인정하지 않고 있었던 것이다.

'영어를 미국사람처럼 하지 못하면 어쩌나?' 하는 두려움의 근본적인 원인을 깨닫고 나니 마음이 편해졌다. 나 같은 유학생에게는 발음이나 문법보다 영어라는 말을 통해 전달하고자 하는 내용, 즉 나만의 생각과 관점이 더 중요하다는 사실도 깨달았다. 중간에 말을 끊고 들어가기 어려우면 맨 처음 질문으로 토론의 물꼬를 트면 된다는 '꼼수'도 떠올릴 수 있었다. 절박한 끝에 평정심을 찾고 나자 그제야 영어 스트레스 레벨도 비로소 하향 곡선을 그리기 시작했다. 모두 일기라는 사적인 글쓰기가 있었기에 가능했던 일이다.

내가 나에게 "넌 할 수 있어!"

두려움을 인정하고 두려움의 대상을 파악했다고 해서 당장 두려움을 극복할 수 있는 것은 아니다. 두려움을 극복하기 위해 무엇을 해야 할지 이제 막 알아낸 것에 불과하다. 당연히 그것만으로는 충분하지 않다. 시간을 들여 자신이 깨달은 바를 실천하기 위해 노력해야 한다.

두려움을 극복하기 위한 노력은 절대 쉽지 않다. 두려움이 크면 클수록 그것을 극복하기 위한 노력도 더 많이 필요하다. 한 번의 시도로 극복된다면, 그것은 애초에 두려움도 아니었을 것이다. 나름의 시도가 실패하고 그 때문에 좌절하고 거기서 다시 일어서는 과정을 몇 번이고 반복해야 비로소 두려움은 사라진다. 두려움을 극복하는 과정은 그래서 지난한 자기와의 싸움이다.

두려움을 극복하려는 사람에게는 무엇보다 격려와 지지가 필요하다. 잘할 수 있다는 격려, 잘하고 있다는 지지가 있어야 두려움과 맞서 끈질기게 싸울 수 있다. 커다란 시련을 겪은 사람들이 가족이나 친구 등 주위 사람들의 도움으로 다시 일어설 수 있었다고 하는 고백은 흔히 듣는 이야기다. 하지만 두려움은 궁극적으로 자기 자신과의 싸움이기에 가장 좋은 격려와 지지도 바로 자신에게서 나온다.

'긍정의 힘'이 바로 그것이다.

긍정의 힘이 강력하다는 것은 누구나 아는 이야기다. 하지만 정작 긍정의 힘을 어떻게 길러야 하는지에 대해서는 무심하다. 긍정의 힘을 기르는 가장 좋은 방법은 자신에게 따뜻한 격려와 든든한 지지를 심어주는 것, 바로 자기 자신과의 대화다. 자신과 대화하는 방법은 여러 가지다. 마음속으로 대화하는 것이 가장 쉬운 단계라면 두 번째는 실제로 자기에게 하고 싶은 말을 입으로 소리 내어 말하는 셀프 토크Self Talk, 그리고 마지막이 사적인 글쓰기다. 이 중 가장 효과가 좋은 것은 글쓰기다.

마음속으로 잘할 수 있다고 생각하는 것은 쉽지만 금방 사라진다. 입 밖으로 "넌 잘할 수 있어"라고 소리 내어 말하면 마음속 생각이 귀를 통해 전달되면서 조금 더 강력한 효과를 낸다. 실제로 큰 무대에 오르는 배우나 중요한 발표를 맡은 기업인, 기자 회견을 앞둔 고위 관리 중에는 스포트라이트를 받기 직전 셀프 토크를 하는 이들이 적지 않다. 두려움과 긴장이 정점에 달했을 때 자신에게 하는 한마디는 순간적으로 강력한 위력을 발휘한다.

그러나 누누이 말하지만, 말보다 더 강력한 것이 글이다. 입으로 말하고 귀로 듣는 것보다 손으로 쓰고 눈으로 보는 것이 훨씬 오래 기억되기 때문이다. 또 눈에 보이는 글이라는 형태는 두려움의 순간에 자신을 붙잡는 데도 훨씬 효과적이다. 격려와 지지를 말이 아니라 글로 하면 더욱 든든한 버팀목이 된다는 얘기다. 큰일을 치르기 직전의 긴박한 상황에서도 말로 하는 셀프 토크보다 짧은 글을 써서 한 번 읽어 보는 것이 훨씬 마음 깊이 와 닿는다. 셀프 토크를 할 수 있을 정도의 시간만 있으면 한두 줄의 셀프 메시지는 얼마든지 쓸 수 있다. 짧은 글을 써 놓고 소리내어 읽어보면 제일 좋다.

이직을 결심하고 20년 만에 다시 면접을 준비하면서 나도 셀프 메시지로 큰 효과를 봤다. 국내외 임원들과 면접이 있는 날이면 면접 한 시간 정도 전에 나에게 보내는 격려와 지지의 메시지를 썼다. 그리고 면접을 보기 직전까지 읽으면서 두려움을 다스리고 긍정의 힘을 심어 주었다. 마치 시험 직전에 보는 마지막 메모가 머리에 가장 잘 들어오는 것처럼 마지막 순간의 셀프 메시지는 마법의 주문처럼 놀랄 만큼 위력을 발휘하곤 했다. 불과 몇 분 전까지 나를 지배했던 긴장과 두려움이 어느새 사라지고 대신 그 자리에 평정심이 들어와 있었다.

사실 이 방법은 프로 골프 여제라 불리는 아니카 소렌스탐에게서 아이디어를 얻은 것이다. 지금은 은퇴했지만 역사상 가장 완벽한 여성 골퍼로 평가받는 아니카 소렌스탐은 어떤 상황에서도 흔들리지 않고 자신이 원하는 샷을 날리는 선수로 유명했다. 하지만 그런 그도 겉으로 보이는 침착함과 달리 마음속에서는 끊임없이 두려움과 싸워야 했다.

아무리 뛰어난 선수라 해도 자신만을 바라보는 구름 관중을 앞에 두고 작은 구멍에 공을 집어넣어야 하는 극도의 긴장된 상황에 어찌 두려움이 없을 수 있겠는가. 아니카 소렌스탐은 큰 대회에 나갈 때는 모자 안쪽에 '두려움에 맞서라!'라는 문구를 모국어인 스웨덴어로 적어 넣고 경기 중 흔들릴 때마다 읽으면서 스스로 마음을 다잡았다고 한다. 아니카 소렌스탐 같은 천하의 프로 골퍼도 그렇게 하는데, 보통 사람이라면 더더욱 그렇게 해야 할 것 같았다. 그리고 그 생각은 역시나 옳았다.

극도로 긴장된 순간뿐 아니라 평소에도 자신에게 해주고 싶은 격려와 지지의 메시지를 글로 써두면 마음을 다스리는 데 큰 도움이 된다. 메시지가 마음속에 차곡차곡 쌓이면 두려움을 막아주고 배포를 두둑하게 키워 준다. 자신감이 생기는 것이다. 단순한 격려 외에 무엇을 어떻게 할 것이지 구체적인 계획을 그려 보고 그에 대해 긍정적인 피드백을 주면 더욱 효과 만점이다.

세상에 내 편은 하나도 없다고, 아무도 내 편이 아니라고 풀 죽어 있지 말자. 나라도 내 편이 되어주겠다고 생각하자. 그리고 내가 가장 듣고 싶은 격려와 응원의 메시지를 나에게 보내 보자. 내가 두려워하고 있다는 사실도, 무엇을 두려워하는지도 가장 정확하게 알 수 있는 사람은 바로 나다. 따라서 나를 가장 잘 격려하고 지지해줄 사람, 그래서 두려움과 맞서게 해줄 사람도 나일 수밖에 없다.

인정하기, 대면하기, 그리고 격려하기. 두려움을 극복하는 데 필요한 이 세 가지를 할 수 있는 가장 좋은 방법이 글쓰기다. 글로 두려움을 풀어낼 수 있는 사람은 결국 두려움을 넘어설 수 있다. 한 번 그런 경험을 하고 나면 어떤 두려움도 스스로 조절할 수 있다. 두려움을 극복했던 과정이 글로 고스란히 남아 있기에 더는 두려움을 두려워하지 않는 것이다.

남들 앞에서 말하기 겁나면 먼저 글로 써라

사람은 어떤 상황에서 가장 두려움을 느낄까. 이에 대해 영국 『선데이 타임즈』가 흥미로운 설문조사를 한 적이 있다. 3,000명의 사람이 응답한 결과 세상에서 가장 두려운 다섯 가지는 1. 청중 앞에서 말하기, 2. 높은 곳, 3. 벌레, 4. 금전 문제, 5. 깊은 물이었다. 벌써 30년도 더 된 기사지만 여전히 고개가 끄덕여지는 결과다. 특히 무대 공포는 국가나 문화를 막론하고 누구나 공통적으로 가지고 있다는 사실을 보여준다는 점에서 오래도록 인용되는 자료이기도 하다.

우리나라는 전통적으로 남 앞에 나서서 이야기하는 것이 익숙하지 않은 문화였다. 앞에 나가 발표하는 것은 높은 사람이나 선생님들만 하는 일이었다. 나머지 사람들은 가만히 듣기만 하면 됐다. 굳이 손들고 질문을 하거나 발표자에 대해 이견을 제시할 필요도 없었다. 중요한 결정은 공식적인 커뮤니케이션보다 막후의 비공식 커뮤니케이션을 통하는 것이 훨씬 효과적이라 여겼다.

하지만 많은 사람 앞에서 이야기를 할 기회는 과거보다 점점 많아졌다. 굳이 프레젠테이션이 아니더라도 일내나의 커뮤니케이션 상황은 어떤 집단에서든 수시로 일어난다. 말하자면 무대 체질이 전혀 아닌 사람들도 무대에 설 수밖에 없는 일들이 다반사로 생겨나고 있는 것이다.

무대 공포의 실체는 실수에 대한 두려움이다. 많은 사람이 나를 보고 있다는 사실을 의식하는 순간 잘해야 한다, 실수하면 안 된다는 강박을 갖게 되고 그때부터 두려움이 생기는 것이다. 그 결과 평소에는 아무렇지도 않았던 작은 말과 행동조차도 엄청난 중압감으로 다가오게 된다.

하지만 무대 공포는 충분히 극복할 수 있다. 무대 공포가 누구나 갖는 일반적인 심리인 만큼 극복 또한 마찬가지다. 무대 공포를 극복하려면 무엇보다 자신이 무대 위에서 해야 할 말과 행동에 스스로 확신이 있어야 한다. 확신은 전문지식과는 다르다. 자신이 가장 잘 아는 분야에 관해 이야기한다고 해서 누구나 자신 있게 말할 수 있는 것은 아니기 때문이다. 스스로 잘 아는 것과 그것을 남에게 잘 전달하는 것은 다른 이야기다.

전문성을 확신으로 바꾸는 것은 연습이다. 오랜 연습과 각고의 노력을 통해 몸에 밴 말과 행동은 그것을 드러내야 할 상황이 되면 자기도 모르게 발현된다. 기자 시절 뛰어난 배우와 가수들을 인터뷰하면서 공통으로 느꼈던 사실은 TV나 스크린, 혹은 무대 위에서 보이는 화려하고 자신감 넘치는 이미지가 철저한 연습을 통해 만들어졌다는 것이었다. 평소 모습에서도 무대 위 아우라를 뿜어내는 스타는 생각보다 많지 않았다. 지극히 평범하거나 심지어 지나치게 내성적이라는 느낌이 드는 이들도 적지 않았다. 그런 그들이 무대 위에서 스타가 되고 빛을 뿜어낼 수 있는 건 오직 수백, 수천 번의 연습 끝에 무대 위에 올랐기 때문이었다.

보통 사람이 청중 앞에서 이야기를 할 때도 마찬가지다. 내가 말하려는 내용에 대해 전문성을 바탕으로 충분히 연습하면 자신감과 확신이 몸에 밸 수밖에 없다. 완벽해 보이는 프레젠테이션일수록, 혹은 발표를 즐긴다고 말하는 사람들일수록 연습과 리허설에 공을 들인다. 수도 없이 연습한 것을 무대 위에서 멋지게 해냈을 때의 성취감을 알기 때문이다.

남 앞에서 말하는 연습을 할 때 꼭 필요한 것이 글이다. 자신이 해야 할 말을 글로 써서 연습하는 것과 그냥 말로만 해 보는 것은 천양지차다. 말은 할 때마다 자신도 모르게 조금씩 바뀐다. 하지만 글로 써두면 상황에 따라 더하고 빼기를 하더라도 기본적인 틀은 그대로 유지할 수 있다. 혹시라도 말해야 할 내용을 빠뜨리거나 잊어버리지 않을까 걱정하는 사람이라면 더더욱 글을 써서 연습해야 한다. 글로 써 놓으면 굳이 따로 시간을 내지 않아도 짬짬이 연습할 수 있고 무대에 오르기 직전 마음을 다잡는 데도 효과적이다.

자신이 할 말을 글로 써보라는 것은 단지 프레젠테이션 슬라이드에 메모를 해두라는 것이 아니다. 발표에 익숙한 사람이라면 그것만으로도 충분하겠지만, 남들 앞에서 말하는 것 자체가 익숙하지 않거나 정말 공을 들여야 할 자리라면 자신이 해야 할 말을 그대로 글로 써보는 것이 좋다. 처음 발표를 시작하는 인사말부터 마지막 정리 멘트까지, 말하자면 내 무대를 위한 대본을 만들라는 얘기다.

대본이 필요한 이유는 나무와 숲을 모두 보기 위해서다. 내가 말할 내용을 세세한 부분까지 완벽하게 숙지하는 동시에 내 이야기의 전체적인 흐름을 파악하려면 반드시 글이 있어야 한다. 말할 내용이 자연스레 몸에 배도록 하는 데도 대본을 보고 연습하는 것 이상이 없다. 배우들이 대본을 보고 연기 연습을 하는 것이나 방송기자들이 미리 작성한 원고를 들고 리포트 하는 것과 같은 이치다.

하지만 대본이 있다고 해서 그것만 외워서는 곤란하다. 그건 배우로 치면 연기를 잘 못 하는 셈이다. 대본을 바탕으로 하되 연기를 할 때는 상대 배우나 감독의 의도를 헤아려 강약 조절을 할 수 있어야 좋은 배우다. 절묘한 애드립도 그래야 나온다. 발표도 마찬가지다. 내가 말할 내용을 충분히 익히고 그것을 바탕으로 현장에서 나름의 응용을 할 수 있어야 한다. 그러기 위해서는 역시 글이 있어야 한다.

머릿속으로만 생각하던 것들이 글을 쓰는 과정에서 비로소 정교하고 세밀한 틀로 짜일 수 있다. 그다음 그것을 자기 나름의 방식으로 운영해야 하는데 발표의 전체적인 흐름을 알고 있어야 청중의 반응, 혹은 시간에 따라 적당히 조절할 수 있다. 간혹 예기치 못한 질문으로 발표가 다른 방향으로 흐르려고 할 때도 대본으로 전체를 익힌 사람은 적절한 방식으로 다시 원래의 지점으로 되돌릴 수 있다. 이 모든 것이 청중의 눈에는 자신 있고 능숙한 모습으로 보이는 것이다.

남들 앞에서 말하는 것이 두렵다면 자신이 말할 것을 먼저 글로 써서 연습하라. 한 줄 한 줄 쓰고 되풀이해 읽으면서 전체와 세부를 아울러 완전히 자기 것으로 만들어라. 이 과정에 공을 들일수록 두려움은 반감된다. 말하는 사람이 스스로에 대해 자신이 있으면 그 발표는 최소한 절반은 성공이다. 나머지 절반인 내용과 형식의 업그레이드도 바로 거기서부터 시작된다.

아이디어는 **나의 힘!**

사적인 글쓰기가 분노와 두려움처럼 내 안의 부정적인 것을 덜어내는 데만 도움이 되는 것은 아니다. 내 안의 긍정적인 것을 더욱 키워내는 데도 더할 나위 없이 좋다. 낙관이나 행복처럼 긍정적인 감정도 그렇지만 사적인 글쓰기를 통해 가장 긍정적인 효과를 볼 수 있는 것은 아이디어다. 좋은 아이디어로 원하는 결과를 얻게 된다면 긍정적인 감정은 자연스레 이어질 것이기 때문이다.

아이디어는 현대사회에서 집단과 조직, 국가의 발전과 혁신을 위한 최고의 가치로 꼽힌다. 비즈니스의 세계에서는 업종을 불문하고 창조경영이 화두다. 지식과 정보의 공유가 광범위하게 이루어지면서 아이디어가 성공과 실패를 가르는 결정적인 차이를 만들어내기 때문이다.

아이디어의 효과와 위력은 개인에게도 마찬가지다. 흔히 개인이 하는 아이디어라고 하면 창업 아이템 같은 것을 떠올리기 쉽지만, 자신의 인생을 설계하고 알차게 일구어 보려는 모든 고민과 노력도 한 개인의 차원에서는 분명 아이디어의 범주에 속한다. 인생의 방향 전환이나 성공을 일구기 위한 시작은 언제나 자기 안의 작은 아이디어로부터 비롯된다고 해도 과언이 아니다.

아이디어의 출발은 궁리다. 이건 이렇게 해볼까, 저건 저렇게 하면 잘 풀릴까. 곰곰이 궁리하다 보면 정말 좋은 생각이 떠오르기도 한다. "이거, 아이디어다!" 싶은 순간이 찾아온다. 문제는 그것이 그저 스쳐 지나가고 만다는 것이다. 계속해서 궁리하고 있기에는 다른 생각, 다른 일들이 너무 많이 끼어든다. 아침 출근길에 한 생각을 저녁까지 이어간다는 것은 웬만한 집중력이 아니면 어렵다.

아예 머릿속에서 사라져버려 자신이 무언가 아이디어를 떠올렸다는 사실마저 잊어버리는 경우도 있다. 또 '이번 주말에는 어디로 놀러 갈까?' 같은 사소하고 구체적인 것에 대해서는 궁리를 거듭하면서도 정작 중요한 자신의 미래나 큰 주제에 대해서는 오래 궁리하지 못하는 게 보통이다. 그러다 누군가 기발한 아이디어로 성공했다는 소리를 들으면 그제야 아쉬워하며 "에이, 그거 내가 예전에 생각했던 것인데……"라고 말한다.

짧은 궁리는 누구나 할 수 있다. 중요한 것은 그것을 머릿속에서 계속 발전시키고 이리 뒤집었다가 저리 뒤집었다 하면서 점차 아이디어로 다져가는 과정이다. 아이디어가 점점 더 범위를 넓히고 뻗어 나가면 상상력이 되고 창의력이 된다. 하지만 대부분의 사람은 궁리에 머물고 만다. 그나마 궁리라도 하는 사람은 낫다. 주어진 상황을 그대로 받아들일 뿐, 그것을 바꿀 수 있다는 생각조차 하지 않는 사람도 있다. 공적인 일에서 '왜?'라고 묻지 않고 더는 사고하지 않는 것처럼 사적인 영역에서도 '이러면 어떨까?' 궁리하지 않는 것이다. 어느 쪽이든 그런 사람은 늘 정체 상태다.

아이디어는 생각하면 할수록 발전한다. 어느 날 저절로 생기는 것이 결코 아니다. 아무리 머릿속에 전구가 켜지듯 불현듯 떠오른 아이디어라고 해도 궁리라는 전원이 없었다면 저절로 불이 들어올 리 만무하다. 목욕탕에 앉아서 부력의 원리를 깨닫고 "유레카!"를 외치며 벌거벗은 채로 뛰쳐나갔다는 고대의 수학자 아르키메데스조차 그 이전부터 이론을 공부하고 현상에 대해 끊임없이 궁리한 결과 마침 그 순간 아이디어가 떠오른 것이지, 아이디어가 제 발로 찾아온 것은 아니라는 얘기다.

아이디어가 상상력과 창의력으로 발전하려면 집중력과 끈기, 대범함이 있어야 한다. 상상력이 뛰어난 사람들은 대개 한두 가지 아이디어에 집중한다. 집착이라 여겨질 만큼 그에 관해 끊임없이 생각한다. 단지 논리적으로만 치밀하게 사고하는 것이 아니라 모든 가능성을 열어두고 생각이 머릿속을 자유롭게 넘나들도록 내버려 둔다.

21세기 테크놀로지와 엔터테인먼트에서 상상력을 대표하는 두 사람, 스티브 잡스와 제임스 캐머런의 공통점도 아이디어에 대한 집중력과 끈기다. 제임스 캐머런 감독이 그의 대표작 「아바타」의 아이디어를 처음 떠올린 것은 영화를 만들기 30여 년 전 아르바이트로 트럭을 운전하던 중이었다. 영화를 좋아하는 사람이라면 누구나 그렇듯, 20대의 제임스 캐머런 역시 "이런 영화 한번 만들어 보면 어떨까?" 하는 소박한 생각에서 시작했다.

하지만 자신의 아이디어를 금세 잊어버리는 보통 사람들과 달리 제임스 캐머런은 조금씩 아이디어를 발전시켜 나갔다. 그것도 장장 30년에 걸쳐서. 그가 늘 그 생각만 한 것은 아니었지만, 머릿속 한편에는 늘 「아바타」가 있었다. 기회가 될 때마다 장면을 스케치하고 조금씩 대본을 늘려갔다. 그러다 3D라는 새로운 테크놀로지를 발견하면서 영화 사상 가장 혁신적이면서도 상업적으로 성공한 작품을 만들게 된 것이다.

독창적인 제품으로 현대인의 삶을 바꿔 놓은 애플의 설립자 스티브 잡스 역시 매킨토시에서 픽사를 거쳐 아이팟, 아이폰, 아이패드에 이르기까지 애초에 떠올랐던 단순한 아이디어를 끊임없이 파고들어 결국은 이를 제품으로 만들어 냈다. 2000년대 초반 스티브 잡스가 잘나가던 PC에서 디지털 허브로 전략을 바꿔야 한다는 아이디어를 내놨을 때, 애플 안팎에서는 반신반의하는 사람들이 적지 않았다. 하지만 스티브 잡스는 할 수 있는 모든 방법을 동원해 자신의 아이디어를 밀어붙였고 수많은 난관에도 뜻을 꺾지 않았다. 스티브 잡스의 집요함과 대범함이 없었다면 오늘날 아이폰과 아이패드도 없었을 것이다.

그런 점에서 제임스 캐머런이나 스티브 잡스가 위대한 것은 단지 그 결과물인 「아바타」나 아이폰의 혁신성만이 아니라 갑자기 떠오른 아이디어를 끊임없이 발전시키고 현실에서 구현한 그들의 집중력과 끈기에 있다고 해야 할 것이다. 바로 그 덕분에 두 사람은 남다른 인생을 살 수 있었다. 제임스 캐머런과 스티브 잡스가 보여주듯이 상상력이나 창의력도 타고나는 특별한 재능이라기보다는 후천적으로 길러지는 능력이다. 내 안에서 끊임없이 만들어졌다가 사라져버리는 궁리를 아이디어로 만들고 다시 상상력, 창의력으로 발전시키려면 시간과 의지, 적절한 훈련방법이 필요하다.

다시 글쓰기 얘기로 돌아가자.

아이디어는 메모로 시작되고 팔로우 업으로 완성된다

아이디어가 좋은 사람이 되려면 어떻게 해야 할까? 아이디어를 기르는 가장 좋은 방법은 글쓰기다. 이제까지 이야기했던 것들을 되짚어 보면 너무나 당연한 결론이다. 아이디어는 기본적으로 생각의 산물이다. 고정관념에 얽매이지 않는 혁신적인 사고에서 아이디어가 나온다. 당연하게 여기는 사실에 대해서도 의문을 가지지 않으면 결코 새로운 아이디어를 떠올릴 수 없다.

또 아이디어는 대범하고 자유로운 감정에서 비롯되기도 한다. 남들과 세상에 대해서는 물론이지만, 무엇보다 자신에게 솔직하지 않으면 제대로 된 아이디어가 나오기 어렵다. 엉뚱한 생각, 기발한 상상, 발상의 전환을 기꺼이 즐길 수 있는 사람이라야 그 결과로 아이디어가 떠오르는 것이다. 모두 앞에서 말한 글쓰기의 역할과 효과 그대로다.

아이디어를 살리기에 가장 좋은 글쓰기는 메모다. 메모는 성공하는 사람들의 대표적인 습관으로 꼽힐 만큼 그 효과가 널리 알려졌다. 그 때문에 공적인 글쓰기처럼 생각하기 쉽지만, 사실 메모는 사적인 글쓰기로서 더 강한 위력을 발휘한다. 공적인 부분에서는 메모가 아니더라도 아이디어를 고민하거나 생각을 이어갈 기회가 상대적으로 많지만, 사적인 영역에서는 메모가 아니면 아이디어를 떠올리고 유지하기가 쉽지 않기 때문이다.

메모의 장점은 짧고 간편하며 정해진 형식이 없다는 것이다. 낙서처럼 휘갈기기만 해도 되고 생각나는 단어 하나만 적어둘 수도 있고 제대로 된 문장으로 풀어쓸 수도 있다. 한마디로 무한 변신이 가능하다. 더구나 요즘은 휴대전화, 아이패드, 노트북 등 메모하고 저장할 수 있는 도구들이 지천이다. 무엇을 이용하든 자신의 아이디어를 메모해 두기만 하면 일단 성공이다.

그러므로 아이디어를 기르려면 언제 어디서든 메모를 할 수 있도록 준비를 해두고 아이디이가 띠오를 때미다 메모하는 습괸을 들이는 것이 중요하다. 메모가 있어야 이이디이를 온전한 내 것으로 만들 수 있다. 들은 것은 잊어버리고, 본 것은 기억하고, 직접 해본 것은 이해한다는 옛말 그대로다. 메모에서부터 아이디어를 발전시켜 가면 되는 것이다. 메모하느냐 하지 않느냐는 생각보다 엄청난 차이를 만들어낸다.

메모를 활용해 아이디어를 떠올리는 것 자체에 익숙해졌다면 다음은 이를 실천하는 것이다. 사실 업무의 특성 때문에 아이디어를 개발할 줄 아는 사람들은 제법 많다. 기업에서 전략이나 기획을 담당하는 사람들, 영화나 CF 감독처럼 상상력이나 창의력을 요구하는 이른바 크리에이티브 디렉터들도 마찬가지다.

하지만 정말 뛰어난 아이디어나 기발한 상상력으로 인정받는 사람은 그리 많지 않다. 가장 큰 이유는 아이디어가 그냥 아이디어로 남았기 때문이다. 아이디어 자체로는 그럴싸해 보였지만 막상 실천하려니 생각지도 못한 여러 가지 난관에 부딪히거나 혹은 아이디어가 너무 파격적이라 기존의 벽을 넘지 못하고 좌절하는 경우들인데, 전자는 현실감이 부족한 것이고 후자는 용기가 부족한 것이다. 이유가 무엇이든 아이디어가 현실이 되지 못하면 그것은 죽은 아이디어가 되고 만다. 아이디어가 살아남으려면 어쨌든 현실에서 시도되고 실천되어야 한다.

결국 아무리 좋은 아이디어도 꾸준한 팔로우 업Follw Up을 당할 수 없다는 얘기다. 상상력, 창의력으로 성공한 사람들은 자신의 아이디어를 무엇보다 소중하게 생각하고 그것을 현실에서 구현하기 위해 각고의 노력을 한다. 첫 번째 시도에서 실패한다면 몇 번이고 거듭해서 시도하면서 애초의 아이디어를 변화하고 발전시켜 나간다. 끝까지 아이디어를 살려냈기에 성공할 수 있었던 것이다.

단지 성공이라는 결과만 보고 동경하거나 실은 자신도 그런 생각을 해봤노라고 푸념하는 것은 아이디어가 어떤 과정을 통해 이루어지는지를 모르고 하는 소리다. 이는 비즈니스의 영역에만 해당하는 것은 아니다. 아이디어를 마구 던지기만 할 뿐 팔로우 업 하지 않으면 아이디어가 좋은 사람이 아니라 말만 앞서는 사람이 되기 십상이다. 이것저것 하겠다고 말은 하는데 정작 이룬 것은 없으니 실속도 없는 셈이다.

아이디어가 아이디어로 끝나지 않기 위해서는 메모도 팔로우 업을 해야 한다. 단지 아이디어를 떠올리고 저장하기 위해서뿐만 아니라 떠오른 아이디어를 꾸준히 점검하고 현실화하기 위한 노력의 하나로 메모를 활용해야 한다는 말이다. 팔로우 업을 위해서는 앞에서 말한 할 일 목록이나 일기 형식을 메모에 접목할 필요도 있다.

하나의 아이디어를 메모했으면 그것을 현실화하기 위해 가장 필요한 조치들을 생각해 보고 우선순위를 정해 하나하나 시도해 보는 것이다. 하나가 실패하더라도 아이디이 자체를 폐기히기보다는 다른 방식으로 어떻게든 살려 보려고 노력해야 하고, 그 과정 지체는 하나의 새로운 아이디어가 되고 프로젝트가 된다.

처음부터 성공하는 아이디어는 별로 없다. 실패는 크든 작든 쓰라리다. 실패 앞에 좌절하기보다 부정적인 감정들을 스스로 없애고, 그 경험을 바탕으로 다시 한번 새로운 시도를 할 수 있도록 자신을 다지는 데는 일기만 한 것이 없다. 지금 상황을 한 발 떨어져 바라보고 나 자신이 느끼는 감정에 솔직하다면, 결국에는 그 아이디어를 현실화하기 위한 동력 또한 스스로 만들어낼 수 있을 것이다.

☞ 기자들의 아이디어 트레이닝 ☜

아이디어는 훈련의 산물이다. 아이디어도 훈련된다는 사실은 내가 기자 시절 얻은 가장 확실한 경험 중 하나다.

기자들은 이미 발생했거나 예정된 사건을 취재하기도 하지만 기사를 찾아가기도 한다. 이른바 기획 기사라는 것인데, 다른 기자들과 함께 경쟁하며 취재하는 것보다는 혼자서 자신이 낸 아이디어를 가지고 취재하는 것을 말한다. '특종'이 숨겨진 사실을 기자가 찾아낸다는 의미라면 '기획 기사'는 이미 있는 현상이나 사실을 기자의 아이디어로 새롭게 엮어낸다는 의미가 더 크다.

기획 기사는 문화부나 생활부처럼 고정된 지면을 가지고 있는 부서에서 기자들이 갖는 가장 큰 스트레스 거리다. 발생하는 사건 자체가 적어도 늘 지면이 있으니 어떻게든 기사가 될 만한 이야기를 찾아야 하기 때문이다. 사건이 많아 몸이 바쁜 게 차라리 낫지, 기삿거리를 찾아 머리를 쥐어짜는 게 훨씬 힘들다는 기자들도 적지 않다.

아이디어가 없다고 하소연하는 후배들에게 선배들이 시키는 세 가지가 있다. 첫째는 취재원들을 만나 이야기를 들어 보는 것이다. "기삿거리 없나?"고 대놓고 물어보는 것보다 이런저런 이야기를 나누는 가운데 자연스레 아이디어가 떠오르는 경우가 더 많다. 둘째는 현장을 돌아다녀 보는 것이다. 공연 담당 기자라면 뮤지컬을 보고, 유통 담당 기자라면 백화점 매장을 돌아다니는 식이다. 시간 여유가 있을 때는 명동, 신촌, 강남역처럼 사람들이 많이 다니는 곳에 자리를 잡고 앉아 오가는 사람들을 바라보는 것도 괜찮다. 특별한 목적도 없고 대상도 명확하지 않아 아무것도 건지지 못할 수도 높지만, 의외의 아이디어를 얻을 가능성도 상대적으로 높다. 정말 괜찮은 기획 기사는 여기서 나온다.

그리고 마지막은 자료 뒤져 보기다. 서점에 가서 관련된 책을 보기도 하고, 예전 기사들을 뒤적이기도 한다. 취재원과의 대화처럼 살아 있는 아이디어는 아닐지라도, 새롭게 가공하거나 아예 앵글을 바꿔 다른 기사로 만들 수 있다. 기자들은 이 세 가지 훈련을 통해 서서히 아이디어를 찾아내고 발전시킬 줄 아는 사람이 된다.

나도 주로 이런 전통적인 방법에 따라 기삿거리를 찾곤 했다. 하지만 더러 세 가지 방법을 병행해도 뾰족한 아이디어가 떠오르지 않을 때가 있다. 또 신년 기획이나 시리즈처럼 커다란 기획을 해야 할 때는 짧은 대화나 즉석 현장 방문만으로는 아이디어를 떠올리는 데 한계가 있다.

그럴 때 유용한 것이 바로 메모였다. 나는 평소 기사가 될만한 아이디어들을 따로 메모해 두었다. 취재 현장으로 이동할 때나, 사람을 기다릴 때처럼 시간이 나면 이 궁리 저 궁리 하다 아이디어가 떠오르면 일단 적어 두었다. 편의성을 위해 노트나 컴퓨터 대신 휴대전화의 메모 기능을 활용했다. 아이디어는 떠올랐을 때 바로 기록해두어야 하기 때문이다. 잊기 전에만 적어 놓으면 몇 단어만으로도 아이디어 전체를 떠올릴 수 있으니 굳이 길게 쓸 것도 없었다. 나는 그것을 '아이디어 노트'라고 불렀다.

가끔은 다시 '아이디어 노트'를 펼쳐 놓고 새로운 아이디어를 추가하기도 했다. 시간이 지나서 다시 생각해 보면 그때는 없던 아이디어들이 다시 떠오르곤 했다. 그리고 아이디어를 조금 더 구체화하기 위해 무엇을 해야 할지 고민했다. 이미 생각해 놓은 아이디어가 있으니 아이디어를 보태기는 더 쉬웠다. 간혹 정말 기발한 아이디어나 톡톡 튀는 상상의 결과물도 있었지만 대개는 평소 고민하고 관심을 두던 분야에서 약간 새로운 생각을 해보는 것들이었다. 하지만 '아이디어 노트'가 없으면 그냥 다 흘려버리고 말 생각들이기도 했다.

기삿거리를 내야 하는데 아무것도 건진 것이 없을 때, 써야하는 날짜가 정해져 있는 칼럼류를 써야 했을 때 '아이디어 노트'는 그야말로 보물창고 같은 역할을 했다. 별생각 없이 써놓은 한두 마디가 엄청난 기획을 시작하는 실마리가 되는 경우도 적지 않았다. 또 따로 적어 놓은 아이디어가 서로 연결되어 새로운 기획을 하게 되는 예도 있었다. 덕분에 기삿거리가 없어 데스크에 깨지는 일은 별로 없었다. '아이디어가 좋다'는 말도 제법 들었다.

비단 기삿거리를 찾으려는 기자가 아니더라도 사람을 만나고, 현장을 방문하고, 자료를 읽고 그 결과를 메모하는 것이야말로 분야를 막론하고 아이디어를 훈련할 수 있는 가장 기본적인 방법이다.

이러한 아이디어 트레이닝은 어느 학교에 갈지, 어느 회사에 지원할지 혹은 어떤 직업을 가질지 같은 큰 결정을 할 때도 대단히 유용한 방법이다. 최소한 두 가지 이상은 시도해 봐야 하고 그러면 대개는 어떻게 해야할지 아이디어가 떠오르게 마련이다.

누군가와의 대화에서, 신문 한편의 작은 기사에서, 우연히 목격한 광경이나 평소의 짧은 메모가 때로 많은 것을 결정해주기도 한다. 혼자서 머리를 싸매고 고민만 해서는 절대 얻을 수 없는 것들이다. 사람을 만나고 현장을 가고 자료를 뒤질 때 비로소 반짝하는 아이디어가 떠오르고 기발한 통찰과 과감한 혁신도 가능해진다.

앞으로 무엇을 어떻게 해야 할지 막막하다면 '아이디어 노트'부터 만들어라. 항상 가지고 다니면서 친구와 이야기하거나 책을 읽거나 사람들 속에서 문득 떠오르는 아이디어를 바로 메모해 두어라. 그리고 시간 날 때마다 들춰 보면서 새로운 아이디어가 없는지 궁리해 보라. 머리를 '아이디어 모드'로 설정했으면 적어둔 아이디어를 팔로우업 하면서 계속 살려 보자. 막연했던 미래가 조금씩 원하는 방향대로 그 모습을 드러낼 것이다.

'글품'을 쌓자

공적인 글쓰기와 사적인 글쓰기가 어느 정도 몸에 배고 이른바 '글 맛'을 보고 나면 글 자체에 대해서도 생각하게 된다. 그리고 궁극적으로 한 가지 질문에 이르게 된다. 글이란 무엇일까?

이 질문에 대한 답은 사람마다 다를 것이다. 어떤 사람은 커뮤니케이션의 한 종류라고 말할 것이고 어떤 사람은 정보를 전달해 주는 공인된 약속이라고 대답할 것이다. 어떤 사람은 직장에서의 성공을 위해 가장 먼저 터득하고 싶은 기술의 한 종류라고 이야기할 수도 있을 것이다. 또 누군가에게는 글이 자신의 생각을 표현하고 세상과 소통하는 요긴한 도구가 되기도 하고 인생을 풍요롭게 만들어 주는 즐거움이 될 수도 있는 반면, 그저 매일 하는 단순한 일상적 행위 그 이상도 그 이하도 아닌 사람도 적지 않을 것이다. 글을 어떻게 정의 하든 간에 글이 모든 이들의 삶과 일상에서 빠질 수 없는 일부인 것만은 분명하나.

그렇다면 글을 쓴다는 것은 어떤 의미가 있을까? 어떤 사람은 글쓰기에서 아무 의미를 못 느낄 수도 있다. 아예 그런 질문 자체를 한 번도 해본 적 없거나 그럴 필요를 느끼지 못하는 사람도 많을 것이다. 하지만 또 글을 쓰지 않고서는 살 수 없다며 엄청난 의미를 부여하는 사람도 분명 있다. 아마 대부분의 사람들은 자신이 생각하는 글의 정의에 따라 그 중간 어디쯤에서 저마다 의미를 부여할 테지만 말이다.

누가 나에게 같은 질문을 한다면, 나는 글이란 한 사람의 됨됨이를 보여 주는 가장 지적인 증거라고 대답하고 싶다. 여기서 말하는 됨됨이는 지식수준에서부터 성향과 취향, 장단점, 이성과 감성 등 한 사람이 가질 수 있는 모든 정신적인 면을 총괄하는 개념이다. 즉, 글에는 글을 쓴 사람의 모든 것이 녹아 있다는 얘기다.

모든 글에는 그 글만이 갖는 느낌이 있다. 글에 담긴 내용이나 글의 형식, 글을 쓴 사람에 따라 무한대로 달라질 수 있는 총체적인 분위기 말이다. 사람이 가지는 품격을 인품이라고 말한다면, 글이 가지는 품격은 '글품'이라고 부를 수 있을 것이다. 인품이 정량으로 평가할 수 없는 한 사람의 가치를 담고 있듯이 글품 또한 마찬가지다.

물론 글의 종류에 따라 특정 부분이 더 집중되기도 하고 메시지의 강도가 달라질 수는 있다. 예를 들면 전문 분야에 대한 이론적인 글에서는 그 사람의 지식과 관심사, 세계관, 사고의 수준이 부각된다. 글에 담긴 각각의 내용은 누가 어떻게 읽느냐에 따라 판단과 평가의 결정적인 근거가 되기도 하고 그저 단순한 사실이 되기도 한다. 그런 점에서 글은 쓰는 사람뿐 아니라 읽는 사람의 됨됨이를 간접적으로 드러내는 것이기도 하다.

하지만 글품은 글의 종류에 따라 주목받는 특징 그 이상이다. 단지 기술적으로 글을 잘 쓴다는 말로도 설명할 수 없다. 글품이 있다는 것은 글을 통해 자신의 생각을 주어진 상황에 맞춰 논리적으로 풀어낼 줄 알고, 자신의 감정을 넘치거나 모자라지 않게 드러낼 줄 알며, 삶과 세상에서 숲과 나무를 동시에 볼 수 있는 지혜를 갖추는 것이다. 많은 사람이 평생 하나도 제대로 얻지 못하는 이 덕목들이 자연스레 글에 드러나는 것이 바로 글품이다. 그래서 글품이 있는 글은 내용이나 형식과 관계없이 읽는 사람을 끌어당기고 읽는 사람으로부터 무언가를 끄집어낸다.

글이 한 사람의 됨됨이를 보여주는 가장 지적인 증거라고 한다면 글쓰기의 의미도 저절로 정해진다. 글쓰기는 자신의 됨됨이를 만들어가려는 가장 지적이고 자발적인 노력을 의미한다. 글을 쓴다는 것은 내가 가진 모든 경험과 지식, 감정 등을 쌓아가고 정리하며, 다스리고 평가하는 일이다. 그리고 이는 궁극적으로는 나를 보다 나은 사람으로 만들어 가기 위해 애쓰고 공들이는 과정이다.

글쓰기가 나의 됨됨이를 보여주고 다듬어가는 것이라면 어떻게 소홀히 생각할 수 있겠는가. 누가 하라고 해서 할 일도 아니지만, 하기 싫은데 억지로 할 수도 없는 일이다. 내 인생을 소중하게 생각하기에, 나를 좀 더 가꿔 보고 싶기에 스스로 하는 것이다. 나 역시 바쁘고 힘들 때일수록 더 글을 쓰고 싶고, 쓰게 된다. 내 인생이 나의 인품을 쌓는 과정인 것처럼 나의 글도 글품을 쌓는 과정인 셈이다.

인품도 글품도 누구나 한번에 가질 수는 없다. 조금씩 쌓아갈 뿐이다. 인품을 쌓는 것이 하루아침에 저절로 이루어지지 않는 것처럼 글품을 쌓는 것도 어느 날 갑자기 되는 일은 아니다. 글쓰기에 시간과 노력을 투자한 사람만이 글품을 가질 수 있다.

또 인품과 마찬가지로 글품도 어릴 적부터 그 의미를 깨닫고 글쓰기 습관을 들이는 것이 백 번 낫다. '세 살 버릇 여든까지 간다'는 말은 글품에도 그대로 적용된다. 글쓰기는 들이는 노력만큼 반드시 보상이 돌아오는 몇 안 되는 일이다. 자기계발로는 글쓰기만 한 것이 없다. 일단 글을 쓸 줄 알게 되고 글품이 쌓이기 시작하면 그것은 그 사람이 가질 수 있는 최고의 자산이며, 평생 누릴 수 있는 엄청난 혜택이 된다.

글품을 쌓는 방법에 정답은 없다. 인품을 쌓는 정도가 무엇이냐고 물으면 사람마다 다른 답을 내놓는 것과 같은 이치다.

한 가지 확실한 전제는 끊임없이 글을 써봐야 한다는 것뿐이다. 글을 쓰기 위해서는 많이 읽고, 많이 생각하고, 많이 느껴야 한다. 그 외의 구체적인 방법은 사람마다 다르다. 자신에게 가장 적합한 글쓰기 훈련법을 찾아나가는 것도 글품을 쌓는 과정의 하나이자 즐거움일 것이다.

4장

호모 스크리벤스가 되기 위한 가장 쉬운 연습

왜 기자의
글쓰기인가?

글품을 쌓으려면 꾸준히 글을 쓰면서 자신에게 가장 잘 맞는 방법을 찾아가야 한다는 얘기는 앞서 한 바 있다. 그렇다면 다음 문제는 '어떻게 글을 쓸 것인가'이다. '어떤' 글을 쓸 것인지가 아니라 '어떻게' 글을 쓸 것인지 고민해야 한다.

글에 다양한 종류가 있듯이 글쓰기에도 여러 종류가 있다. 글의 종류에 맞춰 내용이 달라지는 것처럼 글쓰기도 어떤 식으로 접근하느냐에 따라 같은 내용이 전혀 다른 결과물로 바뀔 수 있다. 물론 글을 쓰는 사람의 개인적 특성도 무시할 수는 없다. 그러나 그 이전에 글쓰기에 대해 어떤 관점을 가지고 있는지와 어떻게 글을 쓰는 훈련을 했느냐가 더 근본적인 차이를 만들어낸다.

쉬운 예로 신문이나 인터넷에서 흔히 볼 수 있는 기자와 학자, 그리고 작가의 글쓰기를 비교해 보자. 글에 별 관심이 없는 사람이라고 해도 저마다 다른 글쓰기를 한다는 것을 알 수 있다. 만일 기자와 학자, 작가가 같은 주제, 심지어 같은 내용에 대해 글을 쓴다고 해도 결과는 3인 3색이 될 수밖에 없다. 글에 대한 사고의 틀과 접근방식이 근본적으로 다르기 때문이다. 어떻게 글을 써야 하는지, 어떤 글을 잘 쓴 글이라고 생각하는지 저마다 다른 기준을 가지고 있다는 뜻이다.

기자를 하면서 운 좋게도 나는 학자와 작가의 글쓰기를 두루 경험해 보았다. 2년 동안 미국에서 대학원에 다니며 이른바 '아카데믹 라이팅Academic Writing'이라는 것을 해 보았다. 또 이제까지 모두 다섯 권의 책을 썼다. 비록 소설 같은 순수한 창작은 아니었지만 기자와는 다른 작가의 글쓰기를 체험하기에는 충분했다.

세 가지 글쓰기는 정말 달랐다. 어떤 사람들은 어차피 글을 쓰는 것인데 거기서 거기 아니냐고 말할지도 모른다. 하지만 막상 해 보니 그 차이는 상상 이상이었다. 미국 유학 첫 학기 동안 내 리포트는 온통 빨간 글씨투성이였다. 죄다 교수가 달아 놓은 코멘트들이었는데 처음에는 영어의 문제인가 했는데 그게 아니었다. 공부하는 사람이 쓰는 글과 기자가 쓰는 글의 차이였다. 주제를 잡는 것은 어렵지 않았다. 미국인 친구에게 내가 생각하는 구성을 보여 주었을 때까지만 해도 "엑셀런트" 소리를 들었다. 하지만 막상 페이퍼를 돌려받고 보니 영 딴판이었다. 몇 줄을 넘기지 못하고 교수의 코멘트가 달렸다. 표현은 저마다 달랐지만 왜 이런 식으로 글을 쓰냐는 요지의 코멘트들이었다.

반대의 경우도 있었다. 외부 필자를 관리하는 여론독지부에 근무했을 때, 대부분 대학교수가 써온 원고는 늘 골칫거리였다. 신문에 실으려면 고쳐야 할 건 많은데, 교수들이 자기 글을 고치는 것을 누구보다 싫어하기 때문이었다. 사실 기자의 관점에서 봤을 때 잘 썼다고 할 만한 글은 손에 꼽을 정도였다. 학자들도 글을 쓰는 사람인데 어떻게 이렇게 못 쓰느냐고 비아냥거리는 선배도 있었지만, 미국 유학 생활을 경험했던 나로서는 선뜻 맞장구를 칠 수 없었다. 기자의 글쓰기와 학자의 글쓰기가 얼마나 다른지 너무나 잘 알고 있었기 때문이었다.

기자와 작가의 글쓰기도 마찬가지다. 내가 출판사에 초고를 넘기고 가장 많이 들었던 코멘트는 '드라이하다'는 것이었다. 좋은 뜻으로 보면 군더더기가 없다는 말이었지만, 그보다는 좀 더 재미있고 그럴싸한 이야기 식으로 다시 써달라는 주문이었다. 기자로서 기사를 쓰는 것이 아니라 작가로서 책을 쓰는 것이었기에 나는 출판사의 그 같은 주문이 충분히 일리 있다고 보았다.

그래서 될 수 있으면 좀 더 '촉촉하게' 작가들이 즐겨 쓰는 형식을 빌려 다시 써보려고 시도했다. 성공률은 반반이었다.

그런 과정을 몇 번 겪고 나니 같은 내용이라도 기자 식으로 쓰느냐 작가 식으로 쓰느냐에 따라 느낌이 180도 달라진다는 것을 분명히 알 수 있었다.

아이러니하게도 다른 글쓰기 경험은 기자의 글쓰기가 가진 장점을 깨닫는 계기가 되었다. 그전까지는 기자의 글쓰기를 그저 당연하게만 여기다가 다른 글쓰기와 비교해 보고 나니 비로소 그 가치가 눈에 들어오게 된 것이었다.

물론 기자의 글쓰기도 부서에 따라 그 스펙트럼이 넓다. 정치, 경제, 사회, 국제 등의 부서에서는 주로 사건이나 발표를 따라가는 스트레이트를 쓰는데 대개 짧은 속보성 기사다. 이들 부서 기자들이 마감 시간에 쫓기며 글을 쓸 때 기자실 분위기는 흡사 커다란 육상대회의 100m 경기를 방불케 한다. 다른 기자들보다 더 빨리, 더 잘 써야 하기 때문이다.

온라인 미디어 시대가 열리면서 스트레이트 기사의 시간 경쟁은 그야말로 피 터지는 싸움이다. 누가 1초라도 먼저 올리느냐가 승부의 가늠자가 된다. 이와 달리 문화부나 생활부 기사는 중장거리, 혹은 마라톤에 가깝다. 스트레이트와 달리 따로 부르는 이름은 없다. 영화 리뷰, 스타 인터뷰, 패션 트렌드 기사처럼 정보와 더불어 스토리를 담아내는 데 초점을 맞춘 기사들이다. 이들 기사에도 물론 마감 시간은 있지만 스트레이트처럼 분초를 다투지 않고 기사 길이도 더 길다. 같은 소재, 같은 인물 인터뷰를 하고도 얼마나 스토리가 있는 기사를 만드는가로 승부가 갈린다.

하지만 ㄱ 내용이나 형식에 관계없이 모든 기사에는 한 가지 공통점이 있다. 바로 독자를 의식한 글이라는 사실이다. 기자는 철저하게 독자를 의식하고 기사를 쓴다. 학자나 작가도 당연히 독자를 의식하고 글을 쓰겠지만, 기자에게 독자가 가지는 존재감과는 비교할 수 없다. 기자에게 독자는 막연하거나 추상적인 존재가 아니다. 기꺼이 돈을 내고 내 책을 사서 읽어 주는 팬은 더더욱 아니다. 기자에게 독자는 날마다 대하는 일종의 고객과 같다. 독자를 위해 기사를 쓰고 독자로부터 기사를 평가받는다.

기자는 실제로 독자를 위해 글을 쓴다. 기자에게 가장 중요한 판단 기준은 바로 독자다. 기삿거리를 찾을 때도, 기사를 쓸 때도 독자들이 관심이 있는지, 혹은 관심을 둘 만한 사안인지가 첫 번째 기준이 된다. 아무리 기자가 쓰고 싶은 것이라고 해도 독자들이 큰 관심을 보이지 않으면 기사화되기 어렵다.

또 기자는 독자들로부터 직접 평가를 받는다. 그것도 기사를 쓴 직후부터 거의 실시간으로 다양한 계층의 독자 반응을 접한다. 1차 독자는 부서의 데스크, 그리고 동료 기자들이다. 그리고 기사가 게재된 후에는 당연히 '진짜' 독자들의 평가가 이어진다. 과거에는 언론사로 전화를 걸어오는 독자들뿐이었지만, 이제는 온라인 독자들이 순식간에 기사를 퍼 나르고 댓글을 단다.

물론 칭찬도 있다. 하지만 독설과 비판이 더 많다. 때로 '무플'이 '악플'보다 무섭기는 기자에게도 마찬가지다. 독자들의 반응에 따라 기사에 대한 평가는 물론이고 글을 쓴 기자에 대한 평가도 달라지니 고객도 이런 고객이 없다. 한마디로 기자의 글쓰기는 읽는 사람을 가장 많이 의식하는 글쓰기다.

어려운 이야기일수록 쉽게 써라

기자의 고객인 독자는 특정한 고객이 아니다. 기사는 누구나 읽을 수 있다. 매체에 따라 독자의 성향이 나뉜다고는 하지만, 그렇다고 항상 자기 신문을 보는 독자들만 생각하고 글을 쓸 수 있는 것은 아니다. 기사에 직접 관계되는 취재원만 고려하고 기사를 쓰는 것은 바람직하지도 않지만 요즘 같은 세상에서는 아예 불가능하다.

그러므로 기사는 누구나 알 수 있게 써야 한다. 기자에게는 영원한 딜레마다. 독자를 의식하고 글을 쓰긴 써야 하는데 정확하게 누구를 의식해야 하는지가 모호하다. 조금 깊이 있게 쓰거나 멋을 부리면 어렵다는 비난이 쏟아지고, 조금 쉽게 쓰면 누구나 다 아는 이야기를 썼다거나 수준이 낮다는 평가가 잇따른다.

입사 초기, 나도 같은 딜레마에 빠졌다. 그때 한 대선배가 내게 해준 이야기가 있다. "신문기사는 말이야, 고등학교 2학년이 이해할 수 있게 쓰면 돼"라고. 솔직히 당시에는 별로 도움이 되지 않는 말이었다. '기자라고 독자들의 수준을 폄하하나?' 살짝 의구심이 들기도 했다. 하지만 시간이 지나면서 그 선배의 말은 점점 큰 울림을 갖기 시작했다.

선배의 조언은 고등학교 2학년 수준의 기사를 쓰라는 것이 아니었다. 독자를 무시하는 것은 더더욱 아니었다. 아무리 어려운 내용이라도 쉽게 풀어서 쓸 줄 알아야 한다는 말이었다. 깊이 있는 통찰, 남다른 시각, 완벽한 구성, 매끄러운 문장 등 글이 가질 수 있는 모든 장점을 포기하지 않되, 그것이 독자에게 난해하거나 지루하게 느껴지지 않도록 글을 써야 한다는 말이었다. 그것을 고등학교 2학년이라는 나름의 비유를 들어 설명한 것이다.

실제로 기사를 써보니 그렇게 하는 것이야말로 가장 어려운 일이었다. 세계적인 석학을 인터뷰하거나 두꺼운 사회과학 서적을 달랑 원고지 7매 기사로 써야 한다고 생각해 보라. 어려운 이야기를 어렵게 쓰기는 차라리 쉬웠다. 그냥 그대로 쓰면 되기 때문이다. 하지만 그러면 대개는 기사를 쓴 기자만 이해할 수 있는 기사가 되고 만다.

시간이 흐르고 '기자 밥'을 더 먹고 난 후에야 나는 어려운 기사를 쉽게 쓰는 방법을 터득했다. 우선 그 내용을 100% 숙지하고 있어야 한다. 쓰는 기자가 이해하지 못하면 결코 쉬운 글은 나오지 않는다. 그리고 그중에서 가장 핵심이 되는 이야기, 독자가 관심을 둘 만한 이야기를 끄집어내야 한다. 그런 다음 이를 쉬운 언어를 골라 단순하게 풀어 써야 한다. 말하자면, 독자들이 쉽게 읽는 기사일수록 기자에게 쓰기 어려운 기사가 되는 셈이다. 어렵고 복잡한 이야기를 쉬운 글로 풀어내는 기자의 글쓰기를 모르면 기사는 언제나 그저 쉬운 글로 보일 수밖에 없다.

독자를 의식하고 어려운 이야기를 쉽게 쓰는 것이 기자의 글쓰기가 가진 가장 큰 특징이다. 그리고 기자의 글쓰기가 기자가 아닌 일반 사람들의 글쓰기에 도움이 될 수 있는 지점도 바로 여기다.

독자를 의식한다는 것은 커뮤니케이션 글쓰기의 기본이다. 글을 쓰는 사람이 가장 쉽게 빠질 수 있는 함정이 글을 쓰는 자신에게 함몰되는 것이다. 자기 글이 너무 중요한 나머지 읽는 사람을 충분히 헤아리지 못하는 경우가 있다. 하지만 커뮤니케이션으로서의 글쓰기에서는 읽는 사람도 쓰는 사람만큼이나 중요하다. 아무리 잘 쓴 글도 읽는 사람이 받아들이지 못한다면, 그것은 반쪽짜리 글에 지나지 않는다. 다른 사람이 내 글을 어떻게 읽을 것인가를 항상 염두에 두고 상대의 처지에서 내가 쓴 글을 볼 줄 알아야 한다. 독자를 의식하는 기자의 글쓰기는 그런 점에서 가장 좋은 예시가 된다.

어려운 것을 쉽게 쓴다는 것은 독자를 의식한다면 당연한 결과이다. 내가 아는 것이 아무리 많아도 이를 다른 사람에게 전달해야 한다면 무조건 상대방이 알아들을 수 있게 써야 한다. 상대가 내 분야에 대해 잘 모르거나 지식수준이 낮다면 기꺼이 내 글의 수위를 낮

취야 한다. 그래야 내가 하려는 이야기가 좀 더 많은 사람에게 좀 더 명확하게 받아들여진다. 사실 읽는 사람들은 글의 내용에 대해 쓴 사람만큼 알지 못하거나 관심이 떨어지는 경우가 대부분이다. 그런 사람들에게 내 글을 읽게 하려면 우선 쉽게 써야 한다.

한 발 더 나아가서, 어려운 것을 쉽게 쓸 줄 안다는 것은 이해력과 자기 주도적 사고를 다지는 일과도 일맥상통한다. 어렵고 복잡한 주제를 쉽게 쓰려면 일단 글을 쓰는 사람이 그 주제에 대해 100% 이해하고 있어야 한다. 스스로도 잘 모르는 것을 남에게 설명하려 하면 자연히 글이 어려워진다. 쉬운 글을 쓸 수 있으려면 적지 않은 학습과 경험, 노력이 필요하다.

다음은 핵심이 되는 이야기, 읽는 사람의 관심을 끌 만한 사안들을 뽑아내는 것. 그러려면 생각의 지도를 그릴 줄 알아야 하고 '왜'와 '아니오'를 중심축으로 하는 자기 주도적 사고를 해야 한다. 그래야 얽히고 설킨 복잡한 정보 중에서 가장 필요한 것들을 선별하고 자기만의 해석과 관점을 보태 읽는 사람들에게 명확하고 설득력 있는 메시지를 전달할 수 있다.

글품을 쌓기 위한 훈련에는 여러 가지가 있다. 또 사람마다 가장 잘 맞는 방법은 다를 수 있다. 하지만 독자를 의식하는 글쓰기, 어려운 주제를 쉽게 풀어낼 수 있는 글쓰기는 어떤 글을 어떻게 쓰든 대단히 유용한 바탕이 된다.

특히 커뮤니케이션으로서의 글쓰기에는 독자를 의식하고 쉽게 쓰는 기자의 글쓰기야말로 가장 좋은 글쓰기 틀이 된다. 기자의 글쓰기가 가진 본래의 장점과 의미를 전제로, 기자의 글쓰기를 이루는 구체적인 덩어리들을 좀 더 자세히 살펴보기로 하자.

✑ 글쓰기의 가장 좋은 교재, 신문 ✑

기자의 글쓰기를 배우기 위한 가장 좋은 방법은 뭘까? 글을 쓰기 위해서는 우선 읽기가 되어야 하니, 기자처럼 글을 쓰려면 기자의 글, 즉 기사를 읽는 것이다. 기사는 신문으로 읽는 것이 가장 좋다. 방송이나 잡지, 온라인 매체에도 기사가 넘쳐 나지만, 기자의 글쓰기를 배우고 응용하는 데는 신문만 한 것이 없다. 신문이 좋은 이유는 무엇보다 다양한 기사를 다양한 방식으로 읽을 수 있기 때문이다. 내가 보고 싶은 기사만 골라서 읽는 것이 아니라 읽어야 할 기사를 보게 된다는 뜻이다. 온라인에서 기사를 보게 되면 자연히 자신이 관심 있는 것만 클릭하게 되고 기사의 구성이나 글쓰기에 관해서도 제한된 측면만 접하게 된다. 하지만 지면으로 기사를 보게 될 경우, 기사의 비중이나 실린 면에 따라 기사를 읽는 폭이 훨씬 넓어진다. 또 1면 기사부터 마지막 면의 칼럼에 이르기까지 다양한 내용과 형식의 기사를 읽으면서 잘 된 것은 잘된 대로, 부족한 것은 부족한 대로 가늠하는 눈이 생긴다.

같은 기사라도 온라인으로 읽는 것과 지면으로 읽는 것은 차원이 다르다. 온라인으로 볼 수 있는 것은 그 기사 하나뿐이지만, 지면에서는 그 기사가 속한 면의 위치와 구성부터 시작해 제목과 분량, 편집을 아우르는 기사의 비중, 관련 기사들과의 관계 등 그 기사를 둘러싼 여러 요소를 동시에 읽을 수 있다. 지면에 실려 있는 모든 요소는 그 매체가 그 기사를 어떻게 판단했는지에 대한 증거다. 따라서 지면으로 기사를 읽으면 기사 자체뿐 아니라 기사의 맥락을 좀 더 잘 이해할 수 있다.

또 신문기사는 비교적 정해진 틀을 가지고 있다. 온라인 미디어나 잡지 기사와 비교하면 확실히 정형화된 기사들이 많다. 동시에 같은 신문 안에서도 기사의 종류, 지면, 비중 등에 따라 일반적으로 통용되는 형식이 달라진다. 따라서 글의 내용과 형식의 관계를 연결 지어 보기 좋을 뿐만 아니라 어떤 주제를 어떻게 풀어내는지도 비교적 쉽게 이해하고 따라해 볼 수 있다.

물론 실시간 정보의 전달이라는 측면에서 신문이 가지는 한계는 분명하다. 또 기성 매체로서 변화하는 미디어 환경을 빠르게 따라잡지 못하고 있는 것도 사실이다. 하지만 기자의 글쓰기, 나아가 일반적인 글쓰기에도 신문이 가장 유용한 자기주도학습 교재임은 틀림없다. 글쓰기에 관심이 있다면 우선 매일 신문을 읽는 습관부터 들여야 한다.

신문을 읽는 데도 방법이 있다.

1. 의식적으로 읽어라

시간이 남을 때 인터넷이나 휴대전화에 접속해 재미있는 기사를 클릭해 보는 것이 아니라 매일 시간을 내서 읽겠다고 생각하라. 특별히 신문을 읽는 데 따로 시간을 내기 어렵다면, 출근 시간이나 퇴근 시간처럼 일성하게 비는 시간을 정해 놓고 신문을 읽어라. 중요한 것은 신문 읽기를 내 일과의 하나로 만드는 일이다.

2. 1면부터 마지막 면까지 다 읽어라

신문에 난 모든 기사를 하나도 빼놓지 않고 읽기는 쉽지 않다. 하지만 최소한 어떤 기사가 실렸는지는 다 봐둘 필요가 있다. 정 시간이 없다면 우선 1면부터 끝까지 한 번 훑어보고 나서 그다음 필요한 기사를 골라 읽어라. 그날 신문에 실린 기사는 하루에 쏟아지는 수많은 국내외 뉴스거리 중에서 엄선된 것이므로 그것만으로도 살펴볼 가치가 있다. 비슷한 기사를 이 신문 저 신문 찾아가며 읽는 것보다 신문 하나를 정해 놓고 읽는 것이 훨씬 이롭다.

3. 오피니언 면은 반드시 읽어라

신문을 날마다 읽는 사람 중에도 오피니언 면은 그냥 지나치는 이들이 적지 않다. 칼럼은 기사가 아니라고 생각하기 때문이다. 하지만 사설이나 칼럼도 넓게 보면 기사의 일종이다. 일반 기사가 정보의 제공에 충실하다면 칼럼은 의견의 제시에 좀 더 방점을 찍는다는 점이 다를 뿐이다. 오피니언 면에 실리는 다양한 칼럼은 다른 매체에서는 쉽게 커버하기 힘든 영역이다.

우리 사회의 주요 의제를 설정하고 그에 대한 여론의 향방을 가늠하게 한다는 점에서도 그렇지만, 기사를 바탕으로 의견을 풀어내는 글이라는 점에서도 그렇다. 그 때문에 기자의 글쓰기를 응용하려는 사람이라면 반드시 읽어야 한다. 특히 논술처럼 자신의 의견을 개진하는 글쓰기를 대비하는 사람에게 신문의 오피니언 면은 필수다.

4. 펼쳐 놓고 읽어라

붐비는 지하철 등에서는 어쩔 수 없겠지만 상황이 허락한다면 지면은 전체를 보는 것이 훨씬 좋다. 기사의 크기나 위치 등도 기사를 설명해 주는 하나의 부가적인 요소이기 때문이다. 일단 전체 지면을 눈으로 사진 찍어 놓고 나서 개별 기사에 집중하는 습관을 들여라. 나중에 어떤 글을 보든 전체 구도를 보는 훈련이 저절로 된다.

5. 제목을 의식적으로 읽어라

물론 제목이 본문에 비해 크기 때문에 자연히 눈이 가게 된다. 하지만 제목에도 여러 종류가 있고 각각의 역할도 다르다. 큰 기사라면 반드시 하나 이상의 제목이 달리고 사진에도 자세히 보면 짧은 설명 앞에 제목이 있다. 그런 것들을 눈여겨보면서 제목을 읽고 본문으로 넘어가면 그 기사가 말하고자 하는 핵심이나 의미가 좀 더 선명하게 들어온다. 제목 읽기에 조금 익숙해지면, 본문을 읽고 나서 다시 제목을 읽어 봐도 좋다. 본문의 내용을 토대로 어떻게 제목이 달렸는지 거꾸로 되짚어 보는 것이다.

매일 신문을 읽는 것이 습관이 되면 그날 읽은 신문 중에서 가장 기억에 남는 기사를 골라내는 연습을 할 차례다. 자신이 고른 기사에 대해서는 그 이유를 반드시 설명할 수 있어야 한다. 이때 기사의 내용이나 매체에서 정한 비중보다는 기자의 글쓰기라는 관점에서 자신에게 의미가 있는 기사를 고르도록 의식적으로 방향을 잡고 있어야 한다.

그날의 기사를 골라 스크랩해 놓고 그 이유를 적어 놓으면 확실한 자기 데이터로 남을 수 있다. 정말 잘 썼다고 생각하는 기사는 그대로 따라 써 보는 것도 좋다. 자신이 잘 썼다고 생각하는 이유가 분명한 만큼 따라 쓰기를 통해 그 기사의 장점을 내 것으로 만들 수 있다. 날마다 신문을 공들여 읽다 보면, 과거 흥미 있는 기사만 찾아 읽던 때와는 분명 많은 것이 달라질 것이다.

모든 것은
팩트에서 시작된다

신문기자가 되고 나서 제일 먼저 들었던 말은 '팩트fact'와 '야마'라는 말이었다. 기사 아이디어를 내거나 나름대로 열심히 취재해 기사를 만들어 가면 선배들은 항상 "이거, 팩트 확실한 거야?"라든가 "그래서 이 기사 야마가 뭔데?"라며 무섭게 눈을 부라리곤 했다. 덕분에 기자가 된 지 며칠 지나지 않아 팩트와 야마는 내 머릿속에서도 기사의 가장 중요한 핵심으로 확실하게 자리잡았다.

'팩트'는 말 그대로 사실을 뜻한다. 사실은 진실과는 좀 다른 개념이다. 진실은 참이냐 거짓이냐는 판단이 개입되지만 팩트는 그렇지 않다. 모든 팩트가 반드시 진실은 아닐 수 있다는 얘기다. 팩트에서 가장 중요한 것은 확인 또는 입증이다. 진실의 반대말이 거짓이라면 팩트의 반대말은 '확인할 수 없음' 또는 '확인되지 않음'이다. 신입 기자들이 "이거 팩트 맞아?"라는 선배나 데스크의 질문을 받았을 때 "좀 더 알아보겠습니다"라고 말하는 것도 그 때문이다.

기자의 글쓰기에서 가장 기본은 팩트, 즉 확인할 수 있는 사실에 대해 쓴다는 것이다. 과거에 일어났던 일이나 지금 현재 벌어지고 있는 일, 혹은 조만간 벌어질 일만이 기사가 된다. 앞으로 벌어질 일을 다루는 예고 기사는 아직 일어난 일은 아니지만 그 일이 확인할 수 있는 실재가 되리라는 것만은 틀림없다. 아무리 사람들이 관심을 두는 주제라고 해도 사실이 아니면 그 자체로 기사가 될 수 없다. 대신 사람들이 그 주제에 관심을 둔다는 사실은 기사가 될 수 있다.

예를 들어, 2012년 12월 21일 지구멸망에 관한 이야기로 온 나라가 뒤숭숭하다고 치자. '과연 2012년에 지구가 멸망할 것인가'라는 주제는 기사가 아니다. 우주의 어떤 행성이 지구와 충돌할 것이라는 공식 발표가 있으면 몰라도 적어도 기사를 쓰는 현재의 시점에서 지구 멸망은 확인 가능한 팩트가 아니기 때문이다. 하지만 사람들이 지구 멸망설로 설왕설래한다는 것은 기사가 된다. 확인 가능한 팩트이기 때문이다. 지구 멸망을 그린 영화나 소설이 불티나게 팔리고 온라인에서 지구 멸망이 주요 검색어가 되고, 지구 멸망 괴담이 온라인을 넘어 오프라인에까지 영향을 미친다면 말이다.

팩트에 근거해 글을 쓴다는 것은 글을 쓰는 사람, 즉 기자의 주관이 배제된다는 뜻이다. 물론 사람이 쓰는 기사에 관점이 없을 수 없다. 수많은 팩트 중에서 특별히 그 팩트를 기사로 쓴다는 것부터가 이미 주관적인 선택이다. 하지만 적어도 글에서 기자의 목소리는 전면에 드러나지 않는다. 이런 팩트가 있고 그것이 의미하는 바가 무엇이며, 그에 대한 의견은 무엇이 있는지 당사자나 관계자, 혹은 전문가의 입을 빌려 전달한다. 그것이 팩트 글쓰기, 즉 기사다.

팩트는 비단 기자의 글쓰기에서만 중요한 것은 아니다. 커뮤니케이션을 위한 모든 글쓰기의 출발점은 팩트여야 하기 때문이다. 물론 커뮤니케이션 글쓰기에서의 팩트는 기사에서 말하는 팩트보다는 그 범위가 넓다. 사건이나 현상뿐 아니라 감정이나 생각도 상대방이 확인할 수 있다면 충분히 팩트가 될 수 있다.

자기소개서에서 가장 중요하게 여겨지는 이른바 진정성도 결국은 자기 자신에 관한 팩트를 얼마나 충실하게 보여 주느냐의 문제다. 팩트에 근거하지 않은 자소서는 글을 읽는 상대방에게 글의 내용을 어디까지 받아들일지 판단하기 어렵게 할 뿐더러 글을 쓴 사람에 대한 신뢰도 떨어뜨린다.

팩트 글쓰기는 두 가지 장점이 있다. 글을 쓰는 처지에서는 글의 설득력과 자기 완결성을 높일 수 있다. 글 쓰는 사람 스스로 사실 여부를 확인하고 쓰는 글은 논리적으로나 감정적으로 허점이 적다. 사실관계를 확인하는 과정에서 자신이 쓰려는 내용을 점검하게 되고, 자신의 의견이나 감정들도 짚어 볼 수 있기 때문이다. 또 사실을 확인하기 위해 자료 조사나 이론을 살펴보는 것도 필요하므로 글 자체의 내용 또한 충실해질 수밖에 없다.

한편 직접 확인한 내용인 만큼 상내방의 반론으로부터 사신의 의견을 관철하거나 상대방을 설득하기도 유리하다. 상대방이 자신의 말에 의문을 제기할 때도 단지 당위적인 주장으로 반발하는 것이 아니라 나름의 근거를 댈 수 있기 때문이다. 다른 사람이 제기하는 의견들은 대개 자신이 팩트를 확인할 때 거쳤던 범위 안에서 이루어질 가능성이 높다. 설사 아직 생각하지 못한 부분이라고 해도 자신이 그 생각을 하지 못했던 이유를 근거로 또 다른 설명을 할 수도 있다.

팩트에 근거한 글을 쓰기 위해서는 일단 팩트를 의식해야 한다. 자신이 하려는 이야기 중에서 무엇이 팩트고, 무엇이 팩트가 아닌지 확실하게 구별할 필요가 있다. 특히 편하게 감상을 전하는 글이 아니라 의견을 주장하고 아이디어를 제시하는 글이라면, 반드시 자신이 확인할 수 있는 팩트에 충실해야 한다. 그다음 그것을 기반으로 생각을 발전시켜 나가되 중간 과정에서도 될 수 있는 대로 많은 팩트들을 활용하는 것이 좋다. 팩트를 의식한다는 것이 단지 팩트만을 나열해야 한다는 것은 물론 아니다. 오히려 감정이나 느낌도 팩트로 적절히 활용하면 누구나 공감할 수 있는 보편적인 글이 된다.

팩트 글쓰기에 익숙해지려면 두 가지 '놀이'를 해 보자. 하나는 자신이 쓴 글에서 확인 가능한 팩트를 골라 보는 것이다. 처음에는 짧은 글로 시작하는 것이 좋고 단어마다 확인할 수 있는지 없는지 판단해 팩트가 얼마나 되는지 동그라미를 쳐 가며 확인해 보자. 단어가 힘들다면 팩트가 들어간 부분에 밑줄을 긋기만 해도 된다. 동그라미나 밑줄 몇 개가 들어가야 팩트에 충실한 글일까? 글의 종류에 따라 팩트의 비중도 달라질 테니 정답은 없다. 다만 A4 한 장에 대략 450개의 단어가 들어간다고 하면 그중 자신이 얼마나 자주 팩트를 동원하는지 눈으로 확인해 보는 것은 팩트를 의식한 글쓰기에 확실한 도움이 된다. 특히 하나의 팩트를 중심으로 그 주변 단어 중에 팩트가 얼마나 들어가 있는지 상호 관계를 잡아 보면 자신의 글쓰기가 얼마나 팩트 지향적인지 확인할 수 있다.

또 다른 방법은 주어진 팩트로 글을 구성해 보는 것이다. 어떤 주제에 대해 생각나는 팩트를 미리 정해 놓고 그 단어 혹은 구절을 모두 활용해 글을 쓰는 방법이다. 앞의 방법이 글을 쓴 다음 팩트 비중을 체크하는 것이라면, 이 방법은 주어진 팩트를 얼마나 잘 활용하는지 시험해 보는 것이다.

팩트와 팩트의 상관관계를 만들어 내는 것이 핵심이다. 혼자서 하면 자기도 모르게 미리 글을 구성하고 관련 팩트를 제시할 가능성도 있으니 친구나 주변 사람들과 서로 문제를 내고 글을 써 보는 것이 좋다.

첫째도 포인트, 둘째도 포인트, 셋째도 포인트

팩트와 더불어 기사의 기본을 이루는 것이 '야마'다. 야마는 보통 '주제'라고 번역한다. 하지만 일반적인 글의 주제와는 좀 다르다. 정확하게 말하면, 팩트를 취재해 만든 기사의 요점과 방향, 핵심 메시지를 아우르는 개념이다.

'야마山'는 일본어로 '산'이라는 뜻에서 비롯되었는데 신문이 식자공이 한 자씩 글자를 골라내 판을 짠 후 이를 찍어내는 인쇄업의 일종으로 시작되었기에 출판, 인쇄 쪽에 만연했던 일본식 표현이 그대로 쓰이게 된 것이다. 2000년을 전후로 언론계에서도 우리말 쓰기가 권장되면서 '하리꼬미뻗치기' '나와바리담당' '도꾸다이특종' '사스마와리경찰기자' 등 다른 일본어 표현들이 거의 자취를 감춘 데 반해 야마는 아직도 말의 국적과 상관없이 가장 많이 쓰이는 단어 중 하나다. 그만큼 중요한 개념이기 때문이다.

'야마가 분명한 글'을 다른 말로 '글에 포인트가 있다'고 한다. 기사가 말하고자 하는 바와 기사가 가리키는 방향이 명확하다는 뜻이다. 만일 야마가 없거나 제대로 되어 있지 않은 기사는 처음부터 끝까지 다 읽어도 무슨 말을 하려는 건지 얼른 들어 오지 않는다. 팩트는 있지만 그것이 무슨 의미인지 애매하다. 한마디로 '그래서 뭐?'이다.

커뮤니케이션 글쓰기에서 '그래서 뭐?'의 중요성은 앞서 강조했다. 기자의 글쓰기를 응용하는 데 팩트만큼, 아니 팩트보다 중요한 것이 바로 야마, 즉 글의 포인트를 잡는 것이다.

'야마'는 대체로 기사의 맨 앞에 드러날 때가 많다. 영어권에서는 기사의 첫 문장을 '리드Lead'라고 하는데 일반적으로 야마는 리드에 포함되어 기사의 전체적인 방향을 일러주고 적어도 두세 번째 문장에는 들어가는 것이 보통이다. 야마가 기사 중간 혹은 맨 뒤에 놓이는 예도 있지만 그런 기사들은 파격적인 경우에 속한다.

앞서 말했던 지구 멸망설 기사를 다시 예로 들어 보자. "2012년 12월 12일 지구가 멸망한다는 이야기로 온 나라가 술렁이고 있다."는 것이 가장 무난하고 일반적인 기사의 리드다. 이 기사의 야마는 '지구 멸망설 창궐'이 될 것이다. 같은 소재를 가지고도 다른 야마를 잡는 일도 얼마든지 가능하다. 예를 들면 지구 멸망설을 문화 콘텐츠나 청소년 심리를 포인트로 기사화하는 것이다.

이 경우 기사의 리드는 "지구 멸망을 그린 문화 콘텐츠들이 인기를 얻고 있다."거나 "지구멸망설이 번지면서 청소년들 사이에 도덕 불감증까지 나타나고 있다."가 될 것이다. 똑같이 지구 멸망설을 다룬 기사라도 두 기사는 전혀 다른 포인트에서 쓰인 셈이다. 그러므로 비슷한 주제를 가진 기사 중에서 어떤 기사가 더 많이 읽히고 반향을 불러일으키느냐는 전적으로 '야마 싸움'에 달려 있다.

또 리드는 그 기사가 무얼 말하려는지 쉽게 알려주는 일종의 압축 안내문과 같다. 동시에 그다음에 이어질 내용에 대해 궁금증을 불러일으켜 기사를 계속 읽게 하는 일종의 호객꾼 역할도 한다. 그래서 앞머리가 부실한 기사들은 데스크에 의해 수정, 보완되기도 하고 심한 경우는 아예 폐기된다. 완성된 지면만 보는 독자들로서는 사실상 거의 읽을 기회가 없는 셈이다.

기자들은 기사를 쓰기 전에 반드시 먼저 야마를 잡도록 훈련을 받는다. 무조건 주어진 팩트를 따라가기만 하는 것이 아니라 포인트나 앵글을 정해 놓고 거기에 따라 글을 쓰게 한다. 데스크에게 기사 아이디어를 낼 때도 반드시 야마를 먼저 밝히고 그 근거가 되는 팩트를 제시해야 한다. 한마디로 그 팩트가 의미하는 바가 무엇인지 기자의 관점을 요구하는 것이다. 그런 점에서 기사는 팩트에 근거한 가장 객관적인 글인 동시에 기자가 설정한 야마에 따라 달라지는 지극히 주관적인 글이기도 하다.

기사를 이루는 양대 기둥인 야마와 팩트는 상호의존적인 관계다. 야마가 있어야 팩트가 돋보이고 동시에 팩트가 충실해야 야마가 살아난다. 취재가 탄탄하지 않으면 야마를 확실하게 세울 수 없고 반대로 아무리 취재를 많이 해도 야마를 잘 잡지 못하면 그 기사는 높은 평가를 받기 어렵다. 즉, 기사의 퀄리티는 일차적으로 팩트가 얼마나 확실한지, 야마가 얼마나 적절한지에 따라 결정되는 것이다. 기자의 글쓰기에서 가장 먼저 보고 참고해야 할 부분도 팩트와 야마다.

'야마'를 잡으려면 일단 기자가 기사와 관련된 팩트들을 꿰고 있어야 한다. 그리고 그 팩트들로부터 핵심이 되는 메시지를 뽑아내고 이를 가장 적절한 문장으로 담아낼 줄 알아야 한다. 야마를 잡고 거기에 맞는 팩트들을 찾기가 더 쉽고 효과적이라 생각하는 사람도 있을지 모르지만, 적어도 기자의 글쓰기를 배우려면 수많은 팩트에서 야마를 잡아내는 것이 정석이다. 이 과정은 앞서 말한 생각의 지도 그리기를 통한 자기 관점 세우기, 즉 자기 주도적 사고와 밀접하게 관련되어 있기 때문이다.

어떤 주제든 관련된 팩트는 무수히 많다. 수많은 팩트 중에서 중요하다고 생각되는 팩트들을 1차로 걸러내고, 그 팩트들 간의 관계를 통해 핵심 메시지를 뽑아내는 것이 생각의 지도 그리기이다. 이때 어떤 포인트에서 팩트들 간의 관계를 들여다볼 것인지 미리 정하는 것이 필요하다. 특히 글을 쓸 때는 포인트를 미리 잡고 시작하는 것과 그렇지 않을 때의 결과는 확실히 차이가 난다.

예를 들어 자신이 맡는 제품이 부진해 그에 대한 보고서를 쓴다고 해보자. 이미 추려놓은 팩트들을 근거로 경쟁 제품의 강점을 쓸 것인지, 새로운 소비자군의 출현에 대해 쓸 것인지, 광고 전략의 수정에 대해 쓸 것인지 우선 큰 포인트를 잡아야 한다. 그런 다음 그 방향으로 핵심 메시지를 풀어내는 것이 바로 포인트 글쓰기다. 만일 자신이 수집한 팩트들이 자기가 잡은 방향과 정확하게 일치한다면 팩트들 간의 관계를 논리적으로 정리하면 된다. 반대로 모아 놓은 팩트들이 잡아 놓은 방향과 어긋나는 부분이 있다면 방향을 바꾸거나 팩트를 다시 찾아야 한다. 평소 생각의 지도를 그리는 연습을 해 온 사람이라면 따로 훈련하지 않아도 이렇지 않게 포인트가 있는 글을 쓸 수 있다.

포인트 글쓰기를 연습하고 싶다면 먼저 완성된 글에서 포인트를 찾아보자. 기왕이면 자신이 쓴 글을 한 줄 포인트로 설명해 보는 것이 가장 좋다. 영화 잡지에서 흔히 보는 20자 평을 생각하면 된다. 수 분 내에 문장이 떠오른다면 포인트가 잘 잡힌 글이 틀림없다.

반대로 아무리 생각해도 한 문장으로 설명할 수 없다면 그 글은 포인트가 애매한 글이다. 만일 자신의 글에서 포인트가 잡히지 않는다면, 신문기사나 잘 썼다고 생각되는 글을 골라 같은 연습을 해보자. 금세 포인트가 떠오를 것이다. 그런 다음 아까 본 자신의 글을 다시 들여다보라. 새로운 포인트가 떠오르거나 자신이 생각했던 포인트와 글의 내용이 왜 맞아떨어지지 않는지 깨닫게 될 것이다.

짧은 글이 익숙해지면 좀 더 긴 글로 난이도를 높여야 한다. 아무리 긴 글이라도 핵심 메시지는 단 한 줄로 충분히 설명할 수 있다. 기사에서는 보통 하나의 야마가 글의 첫머리에 놓인다. 하지만 기사가 아닌 글에서는 반드시 그렇지만은 않다.

한 번에 글 전체의 포인트를 잡아내기가 쉽지 않을 때 글을 나눠서 문단마다 포인트를 잡아 보면 훨씬 수월하다. 글의 분량이 짧을수록 글 쓴 사람이 말하고자 하는 것이 비교적 잘 보이기 때문이다. 문단마다 포인트를 잡고 그들 사이의 관계를 생각해 보면 대개는 글 전체를 관통하는 하나의 포인트가 모습을 드러내기 마련이다.

이 방법은 언어 영역을 공부하는 고등학생이나 영어로 된 긴 글을 읽어야 하는 대학생, 직장인들에게도 대단히 유용한 방법이다. 제한된 시간에 주어진 글이 말하고자 하는 바를 빨리 잡아낼 수 있을뿐더러 그 글에서 나올 수 있는 질문들도 어느 정도 감을 잡을 수 있기 때문이다. 어떤 글을 읽어도 포인트를 잡아내는 것이 그다지 어렵지 않게 느껴진다면 그때 포인트 글쓰기를 시도해 보자. 아마 생각보다 힘들지 않을 것이다.

포인트 글쓰기는 포인트 찾기와 반대다. 큰 포인트를 먼저 잡고 그 다음에 작은 포인트를 잡아야 한다는 것, 즉 전략이 먼저이고 전술은 그다음이다. 흔히 비즈니스나 스포츠에서 좋은 결과를 내기 위해서 우선 전체적인 전략을 세우고 그에 근거해 세부적인 사항들을 정하는 것과 마찬가지다. 큰 포인트와 작은 포인트의 관계가 정리되면 작은 포인트들 사이의 관계도 고민해야 한다. 무엇이 더 중요하고 무엇이 무엇을 뒷받침하는지, 포인트들 사이에도 분명 최상의 조합과 순서가 있기 때문이다. 이렇게 포인트가 잡힌 글은 메시지도 선명하고 글의 논리나 구성도 정연할 수밖에 없다.

짧고 간결하고
신중하게

팩트와 야마가 기자의 글쓰기를 이루는 핵심 요소라면 실제 기사를 쓸 때도 지켜야 할 핵심적인 원칙들이 있다. 기자의 글쓰기를 일반적인 커뮤니케이션 글쓰기로 응용하는 데 못지않게 중요한 것들이다.

팩트와 야마를 축으로 하는 기자의 글쓰기는 어떤 내용이든 분명하고 직접적이다. 무엇이 사실인지, 사실의 구체적인 모습이 어떤 것인지, 그래서 그 사실들이 의미하는 바가 무엇인지 간단명료하게 핵심 메시지를 독자들에게 전달하려면 그렇게 쓰는 수밖에 없다. 빙 둘러 말하거나 딱 부러지게 설명하지 못하거나 확인할 수 없는 것들을 늘어놓거나 여러 가지로 해석될 여지를 주는 것은 기자의 글쓰기에서는 가장 피해야 할 것들이다.

그래서 일반적으로 기사의 문장은 짧다. 대개는 단문이다. 보통 사람들이 보기에는 숨이 가쁘다 싶을 정도로 짤막한 문장들이 계속 이어진다. 문장 자체도 군더더기 없이 간결하다. 특히 온라인이 없던 시절에는 기사의 절대 분량 자체가 적었기 때문에 기자들에게 짧고 간결한 문장은 가장 중요한 덕목이었다. 편집에 따라 차이가 있지만 보통 각 면의 머리기사라고 해도 원고지 열매도 안 된다. 그 안에 자신이 취재한 모든 것을 더하고 뺄 것 없이 완벽하게 집어넣어야 한다. 그러니 기사의 맨 첫 줄부터 마지막 줄까지 꼭 필요한 말만 골라 쓸 수밖에 없다.

문장이 길면 확실히 사족이나 오해가 생기기 쉽고 방향을 상실할 가능성도 그만큼 높아진다. 나의 데스크 경험을 돌아보아도 주어와 동사의 호응이 이루어지지 않는 비문은 대부분 긴 문장에서 나왔다. 그래서 신입 기자들은 의도적으로 모든 문장을 단문으로 쓰도록 훈련받는다. 앞에서 했던 말이나 없어도 되는 불필요한 말은 다 없애고 지나친 수식이나 미사여구도 되도록 삼가는 것이 기본 원칙이다. 1990년대 초반까지만 해도 정해진 약속은 아니지만, 한 문장이 원고지 세 줄 이상을 넘어가는 것은 금기 아닌 금기로 여겼다. 몇 단어를 들어내든, 두 문장으로 나누든 그냥 넘어가는 법이 없었다. 요즘은 매우 느슨해졌다고는 하지만 지나치게 긴 문장은 대개 걸러진다.

단문으로 이루어지는 기자의 글쓰기는 구어체로 편하게 풀어 쓴 글이나 여러 겹의 복문으로 이루어지는 학술적인 글, 혹은 상세한

묘사나 미묘한 감정 표현을 위해 세세하게 이어지는 소설식 문장들과는 확연하게 다르다. 기자의 글쓰기가 다른 글쓰기와 가장 먼저 형식적으로 차별화되는 지점도 바로 문장의 길이다.

짧고 간결하게 쓰는 것은 언뜻 보기에는 쉬워 보인다. 복잡하고 꾸밈이 많은 문장보다 단순하다고 생각하기 때문이다. 하지만 간결한 것과 허술한 것, 혹은 부실한 것은 다른 얘기다. 간결한 글쓰기는 그 자체로 전달하고자 하는 바를 핵심만 표현하지만 허술하거나 부실한 글쓰기는 꼭 들어가야 할 것이 빠져 있다. 또한 짧은 문장에서는 단어 하나가 문장에서 차지하는 비중도 그만큼 크다. 자연히 어떤 말을 어디에 넣을지 신중해야 한다. 더도 덜도 말고 꼭 있어야 할 것들만으로 이루어진 간결한 글쓰기는 그 자체로 자기 완결적이다. 반대로 무언가를 빠뜨린 짧은 글쓰기는 구멍이 숭숭 난 벽돌처럼 부실해 보인다.

단지 짧기만 한 문장으로 이루어진 기사는 바로 데스크로부터 지적을 받는다. 기자가 쓴 기사의 1차 독자이기도 한 데스크는 기사의 가치를 판단하는 게이트 키퍼Gate Keeper이기도 하지만 팩트와 야마, 문장을 점검하고 조절해 최상의 기사를 세상에 내놓는 역할을 한다. 노회한 데스크는 짧은 한 줄 문장에서도 들어가야 할 것들과 빠진 것, 넘치는 것들을 귀신처럼 골라낸다. 빠진 것이 내용상의 문제라면 기자에게 물어서 보충하고 형식상의 문제라면 적절한 단어를 추가해

손을 본다. 넘치는 문장은 깔끔하게 다듬어 놓는다. 기자가 쓴 문장의 의미는 그대로 살리면서도 글을 쓴 기자조차 놀랄 만큼 간결하고 매끄러운 기사로 손질할 줄 안다. 데스크가 되어 구력이 붙으면, 마치 제자가 엉망으로 만들어 놓은 원단을 멋진 무대의상으로 탈바꿈시키는 일류 디자이너처럼 어떤 글을 받아도 거장의 솜씨를 보여 주기도 한다. 일반적으로 자기 글에 손대는 것을 좋아하는 기자는 없지만, 좋은 데스크를 만나는 것은 대단한 행운이다. 자신의 글이 어떻게 고쳐지는지 보는 것처럼 좋은 트레이닝도 없기 때문이다.

기자처럼 간결한 글쓰기를 하려면 최대한 짧은 문장으로 글을 쓰는 연습부터 시작하는 것이 좋다. 일단 한 문장 안에 들어갈 단어의 수를 최소화하겠다고 생각하고 글을 써 보자. 혹은 이미 써 놓았던 자신의 글에서 문장을 최대한 축소해 보는 것도 좋다. 뜻밖에 많은 단어를 덜어낼 수 있을 것이다. 사람들은 자기도 모르게 습관적으로 쓰는 단어들이 많기 때문이다. 뭐든 늘이기는 쉬워도 줄이기는 어려우니 처음에는 어딘가 허전하게 느껴질 지 모른다. 짧게 쓰든, 짧게 줄이든 새로운 습관에 익숙해지기까지 어느 정도 시간이 필요하다.

짧은 문장 쓰기에 어느 정도 익숙해지면 짧지만 핵심적인 단어들로만 이루어지는 간결한 문장으로 한 발 더 나가자. 짧은 문장 중에서 빠진 것이 무엇인지, 모호하게 느껴지는 부분은 어디인지, 바꿔야 할 단어는 무엇인지 체크하며 글을 써 보는 것이다. 이 연습은 내 글보다는 남의 글을 가지고 하는 것이 좋고, 파트너와 함께 하면 더 좋다. 자기 글이 가지는 단점이나 부족한 부분, 잘못된 습관 등을 스스로 골라내기란 쉽지 않기 때문이다. 이 과정을 반복하다 보면 짧고 간결하고 신중한 문장 쓰기가 저절로 몸에 밴다.

물 흐르듯 써라

짧고 간결하고 신중하게 쓰라고 하면 긴 글은 어떻게 써야 할지 막막하다고 생각하는 사람도 있을 것이다. 짧고 간결하게 쓰라는 얘기는 무조건 짧은 글만 쓰라는 뜻이 아니다. 문장은 짧고 간결해야 하지만 문장이 모인 글은 얼마든지 길 수 있다.

흔히 긴 글은 읽기 어렵다고 말한다. 이메일의 경우 모니터 창에서 한눈에 보는 길이 이하로만 쓰길 권장하는 사람도 있다. 하지만 글의 절대 길이 자체는 결코 문제가 되지 않는다.

그리 길지 않은 글인데 앞에 한 이야기와 뒤에 하는 이야기가 따로 노는 경우를 심심치 않게 본다. 아예 정반대의 이야기를 하는 글도 있다. 한마디로 커뮤니케이션 글쓰기의 기본인 자기 완결성을 갖추지 못한 글이다. 이런 글은 읽는 사람을 혼란스럽게 만든다. 앞뒤가 이어지지 않으면 설사 읽는 사람이 그 모순을 의식하지 못하더라도 쉽게 읽힐 수 없다. 글을 읽다가 다시 앞으로 돌아가거나 읽기를 중단하고 머뭇거리게 한다.

엇비슷한 이야기가 이어지기만 하는 글도 결과는 마찬가지다. 앞에서 한 이야기가 무슨 내용인지 충분히 알았고 이제 다른 이야기로 넘어가야 한다고 생각하는 지점에서도 여전히 같은 말을 반복한다면 역시 읽는 사람을 힘들게 할 뿐이다. 지루하다는 생각이 이어지면 눈으로 대충 훑어보다 다음 이야기가 시작되는 곳을 찾아 건너뛰게 된다. 만일 원하는 이야기를 찾을 수 없다면, 결국 읽기는 거기서 멈춰 버리고 만다.

반대로 분량이 제법 많은데도 한번에 읽게 되는 글도 있다. 몇 권짜리 책을 도무지 손에서 내려놓을 수 없어 밤을 새우고 작파해본 경험이 있는 사람이라면 무슨 말인지 이해할 것이다. 단지 흥미진진한 내용 때문만은 아니다. 아무리 재미있는 책이라고 해도 독자를 사로잡으려면 글 자체도 잘 읽혀야 한다. 분명 내용은 흥미로운데 문장이 부자연스럽다고 느껴지면 밤을 새우고 읽게 되지는 않는다.

결국은 글의 길이가 아니라 글이 어떻게 구성되고 연결되었는지가 핵심이다. 다시 말해 앞뒤가 이어지도록 써야 한다는 얘기다. 쉽고 잘 읽히는 글은 길이와 관계없이 연결성이 뛰어나다. 어려운 내용이라도 물 흐르듯 읽힌다. 반면 내용 자체는 쉬운데 연결이 제대로 되지 않은 글은 읽다가 끊기고, 다 읽고 나서도 메시지가 무엇인지 금방 파악되지 않는다.

기사가 쉽게 읽히는 것도 단지 문장이 짧고 누구나 아는 내용을 다루기 때문만은 아니다. 기자들이 쉽게 풀어쓰고, 짧고 간결한 문장들을 잘 연결해 쓰도록 훈련을 받아서 기자 글이 잘 읽히는 것이다. 완성된 글을 보면 아무것도 아닌 것 같지만, 직접 해 보면 그냥 짧게 쓰는 것보다 훨씬 어렵다.

글은 문단으로 이루어진다. 그리고 문단은 문장으로 이루어진다. 어떤 글이든 문단과 문단이 자연스럽게 이어져야 하고 한 문단 안에서 문장과 문장도 마찬가지여야 한다.

문장을 연결하는 것은 상대적으로 쉽다. 글을 쓸 때는 특별한 경우가 아니라면 바로 앞에 쓴 문장을 기억하고 그곳에 이어서 다음 문장을 쓰게 되기 때문이다. 하지만 문장은 바로 앞뒤 문장과만 연결되지 않는다. 한 문단 안에서도 몇 문장 앞의 문장을 받아서 풀어 나가야 할 경우가 적지 않은데 중간에 다른 문장이 들어가면 흐름을 놓쳐 버리기 쉽다. 특히 중간에 들어가는 문장이 길수록 마지막 문장은 바로 앞 문장만 염두에 두고 쓰게 된다. 그래서 쓰는 사람은 자연스럽게 이어진다고 생각하지만 정작 나중에 읽는 사람이 봤을 때는 중간이 붕 뜨거나 어색한 글이 되어버린다. 문장들이 자연스럽게 이어지기는 커녕 아예 호응을 이루지 않을 때도 있다.

문단과 문단의 연결은 조금 더 어렵다. 많은 사람이 문장을 하나의 단위로 생각하지만, 문단에 대해서는 주의를 기울이지 않는다. 문단은 글을 이루는 큰 덩어리다. 저마다 글에서 하는 역할이 다르다.

그래서 하나의 이야기가 끝날 때는 반드시 적절한 지점에서 문단을 나눠 줘야 할 필요가 있다. 각각의 덩어리들은 그 자체의 내용도 중요하다. 하지만 서로가 어떻게 연결되어 있느냐에 따라 글의 전체적인 방향이 달라진다. 심지어 같은 문장으로 이루어진 글이라 하더라도 문단을 어떻게 구성하고 나누느냐에 따라 전혀 다른 느낌으로 완성될 수 있다.

문장이든 문단이든 물 흐르듯 이어지도록 쓰려면 수시로 앞뒤를 살펴야 한다. 물론 모든 문장마다 멈추고 앞뒤를 잴 필요는 없다. 하지만 적어도 어떤 시점에서는 쓰던 것을 멈추고 이 문장이 어디서 이어졌고 어디로 이어지는지를 생각해 볼 필요가 있다. 만일 어디서도 시작점을 찾을 수 없고 난데없이 뚝 떨어진 문장이라면 반드시 연결고리를 만들어 줘야 한다.

문단은 좀 더 시각을 넓혀야 한다. 문단의 시작과 끝 문장이 앞뒤 문단의 마지막 문장, 첫 문장과 자연스레 이어져야 하는 것은 물론이고 문단과 문단의 관계도 그래야 한다. 앞 문단에서 이 이야기를 하다가 다음 문단에서 저 이야기를 하려면 그 전환이 왜 이루어지는지를 앞 문단의 마지막, 또는 뒤 문단의 첫 문장으로 설명해야 한다.

그런 점에서 한 문단에서는 맨 앞 문장과 맨 마지막 문장이 가장 쓰기 어렵다. 만일 문장으로 연결하기가 어렵다면 적절한 접속사를 활용할 줄 알아야 한다. 잘 쓴 글은 결코 제각각 쓰인 문단들을 단순히 모아 놓는 것만으로 이루어지지 않는다.

문단 연결하기가 어렵게 느껴진다면, 각 문단을 하나의 문장으로 요약한 다음 그 문장들이 자연스레 이어지는지 살펴보면 된다. 앞 장에서 큰 포인트와 작은 포인트들의 관계가 글의 짜임새와 관련 있다고 했던 것도 이 이유에서다. 아무리 긴 글도 결국은 문단들로 구성되고 그 문단은 문장으로 이루어진다는 것을 기억할 필요가 있다.

자연스럽게 이어지는 글은 그야말로 물 흐르듯 흘러간다. 그래서 읽는 사람도 멈추지 않고 읽을 수 있고 내용 또한 자연스레 받아들여질 수밖에 없다.

글에도 리듬이 있다

짧고 간결한 기자의 글쓰기는 흔히 건조하다는 평가를 받기도 한다. 워낙 군더더기나 미사여구 없이 필요한 말만 뽑아내니 마치 기름기 없는 살코기처럼 퍽퍽하다는 느낌이 들 수도 있다. 하지만 간결함과 건조함이 동의어는 아니다. 간결하되 건조하지 않은 기사도 얼마든지 쓸 수 있다.

문화면 기사들이 대표적인 예다. 문화부 기자들이 쓰는 기사는 음악, 미술, 드라마, 영화 등 내용 자체가 심각하거나 딱딱하지 않고 감성적인 요소가 강하다. 따라서 자연히 글도 팩트와 야마만으로 이루어지지 않고 기사 형식도 스트레이트 기사처럼 정형화되어 있지 않다. 독자의 시선을 끌기 위해 다양한 것을 시도해 볼 여지도 훨씬 많다. 글을 쓰는 기자의 성향에 따라 얼마든지 멋을 낼 수도 있고 심지어 기사가 아닌 듯한 기사를 쓸 수도 있다.

단, 간결한 글쓰기가 먼저다. 문화부 기사라고 해도 팩트와 야마라는 기사의 기본은 마찬가지다. 글의 멋을 살리더라도 어디까지나 짧고 간결하고 신중한 기자의 글쓰기에 충실한 범위 내에서 이루어져야 한다. 내 경우 첫 부서인 문화부에서도 팩트와 야마에 대한 훈련은 사회부 수습기자 시절과 크게 다르지 않았다.

선배들은 나만의 기사 스타일을 찾아가도록 도와줬지만, 형식적인 치장이 팩트와 야마를 가릴 정도가 되면 매섭게 꾸짖었다. "원색이 예쁘다고 아래, 위, 겉옷까지 알록달록하게 입을래? 모던하고 심플하게 입고 한두 가지 포인트만 살리는 게 훨씬 멋있잖아"라고 했던 선배의 비유가 지금도 기억에 남는다. 짧고 간결하고 신중하되 맛깔스러운 글이 되어야 한다는 가르침이었다. 간결한 멋내기라고나 할까.

나 역시 기자 생활을 하면서 간결한 멋을 살린 글쓰기에 대해서는 확신에 가까운 소신이 생겼다. 미사여구가 많거나 화려한 글은 처음에는 혹해서 읽게 되지만, 계속해서 주의를 집중해 읽기는 어렵다. 더러는 부실한 내용을 감추기 위해 형식적인 치장에만 공을 들이는 글도 있다. 형식이 내용을 압도할 정도가 되면 읽는 사람도 힘들어진다. 정말 잘 읽히는 글은 간결한 형식에 많은 것을 담고 있는 글이다.

글을 쓸 때도 마찬가지다. 간결한 글을 쓸 줄 아는 사람은 필요에 따라 미사여구를 동원하기도 하고 긴 문장에 진한 감상을 담아내는 멋을 부릴 수도 있다. 하지만 미사여구와 현란한 글쓰기부터 익힌 사람은 어지간해서는 간결한 글쓰기를 할 수 없다. 마치 평소 심심한 음식을 먹던 사람이 어쩌다 맛을 더하기 위해 적절히 간을 해 먹으면 맛깔스럽게 느껴지지만, 늘 간을 세게 해서 먹던 사람이 심심한 음식을 먹으면 싱거워서 먹기 싫어지는 것과 같은 이치다. 특히 글쓰기의 틀이 잡히지 않은 상태에서는 간결하게 쓰는 것부터 익혀야 한다. 간결한 글쓰기가 바탕이 되었다면 다음은 글의 기본적인 스타일을 잡는 것이고, 독특한 형식이나 파격을 시도하는 것은 제일 마지막에 할 일이다.

글쓰기에 스타일을 살리려면 무엇보다 리듬을 탈 줄 알아야 한다. 글에도 리듬이 있다. 현란한 글쓰기나 재기 발랄한 형식, 표현을 말하는 게 아니다. 리드미컬한 글이라고 하면 젊은 작가들의 소설이나 광고 문구에서 흔히 보는 특징을 떠올릴지 모르나 보통 사람이 감당할 수 있는 리듬감은 그런 게 아니다. 읽는 사람의 주의를 놓치지 않을 정도면 충분하다. 들어갈 때 들어가고 나올 때 나오면 된다. 한마디로 강약과 고저장단의 조절이 있어야 한다는 얘기다.

글의 리듬이라는 측면에서도 긴 문장보다는 짧은 문장이 좋다. 문장이 길어지면 자연히 늘어지게 되지만 짧은 문장들은 연결하기에 따라 글의 리듬을 살릴 수 있기 때문이다. 기사가 잘 읽히는 이유 중 하나도 짧은 문장이 만들어내는 특유의 리듬감 때문이다.

리듬이 없는 글은 지루하고 밋밋하다. 지루한 글이 되지 않으려면 무엇보다 앞에서 한 말을 또 하는 중언부언, 같은 표현을 되풀이하는 동어반복을 피해야 한다. 중요한 내용이니 강조하겠다는 생각으로 했던 말을 반복하는 것은 지루한 글을 만드는 지름길이다. '생각한다'는 동사만 해도 '~라는 생각이다' '~라는 게 우리 팀의 입장이다' 처럼 변화를 주려면 얼마든지 가능하다.

별것 아닌 것 같지만 한 문장 걸러 '생각한다'는 단어가 반복되는 단조로운 글과 비교해 보면 그 차이는 절대 작지 않다. 자신이 쓴 글에서 같은 표현이 얼마나 자주 등장하는지 한번 점검해 보라. 그리고 똑같은 표현이 있으면 내용은 살리되 다른 표현으로 바꿔 보자. 우리말에는 얼마나 많은 표현이 있는가. 분명히 '아' 다르고 '어' 다르다. 거기서부터 조금씩 시도해 가면 리듬 있는 글이 만들어질 수 있다.

밋밋한 글이 되지 않으려면 대구를 만들어 보는 것도 요긴한 연습 방법이다. 짧은 문장들로 이루어진 글에 대구가 들어가면 한결 리드미컬한 느낌이 들 수 있다. 시처럼 운율을 살릴 필요까지는 없지만, 앞 문장을 염두에 두고 비슷한 형식의 문장을 넣으면 글을 읽는 사람이 편하게 받아들일 수 있으면서도 글 전체가 리듬감 있어 보인다. 특히 글의 맨 앞 문장과 마지막 문장이 내용적으로나 형식적으로 맞아떨어질 때 극적인 효과를 줄 수 있다. 첫 문장을 질문으로 시작했다면, 그에 대한 답으로 글을 마무리하는 식이다.

글을 쓸 때 내용뿐만 아니라 형식에도 강약의 차이를 준다고 생각하라. 또 같은 내용이라도 매번 다른 표현을 쓰겠다고 의식적으로 노력하라. 최소한 밋밋하다거나 지루하다는 느낌은 면할 수 있을 것이다. 그리고 나서 자신이 쓴 글을 소리 내서 한번 읽어 보자. 강조하고 싶은 부분과 편하게 지나갈 수 있는 부분을 구별할 수 있고, 긴 문장을 편하게 끊어 읽을 수 있다면 기본적인 리듬감은 들어간 셈이다. 얼마나 더 리드미컬하게 만들 것인가는 연습의 양에 비례한다.

어림하고 **쪼개고**

팩트와 야마를 간결하고 유기적이며 리듬감 있게 풀어냈으면 기자의 글쓰기라는 10부 능선의 8부를 넘은 셈이다. 하지만 아직 100퍼센트를 채운 건 아니다. 현실적으로 갖춰야 할 몇 가지 더 있다.

기자들이 기사를 주문 받으면 가장 먼저 물어 보는 두 가지가 있다. "마감이 언제입니까?"와 "몇 매나 써야 합니까?"이다. 마감은 시간의 문제고, 매수는 원고지 장수, 즉 분량의 문제인데 두 가지 모두 기사를 쓰는 데 가장 기본이 되는 전제 조건들이다. 아무리 기사를 잘 써도 이 두 가지를 충족시키지 못하면 기자로서 기본이 안 되어 있다는 평가를 면하기 어렵다. 둘 중 우선순위를 가리자면 기자에게는 물론 마감이 먼저다. 분량은 조절할 수 있지만, 마감은 지나버리면 끝이기 때문이다.

하지만 기자의 글쓰기를 응용하는 처지에서는 마감보다 분량이 더 중요한 의미가 있다. 분량을 불어 본다는 것은 내가 쓸 글의 크기를 어림한다는 뜻이다. 이른바 견적을 뽑아 보는 셈인데 이는 난시 들이는 시간과 노력을 계산하기 위해서가 아니다. 그보다는 글에 관한 큰 그림을 그리는 데 절대적으로 필요하기 때문이다. 같은 주제라 해도 원고지 5매 분량의 글을 쓸 때와 20매 분량의 글을 쓸 때는 글에 들어가야 할 내용이 달라진다. 그러므로 어떤 글을 쓰더라도 분량은 가장 먼저 체크해야 할 사항이다.

경우에 따라서는 기사의 분량을 주지 않을 수도 있다. 매수의 제한이 없는 온라인 매체는 특히 그렇다. 이때는 기자가 취재한 팩트들을 근거로 스스로 분량을 어림해야 한다. 팩트에 비해 글이 너무 길면 허술하거나 지루해질 수 있다. 반대로 글이 너무 짧으면 이야기를 하다 만 것처럼 보이거나 팩트들을 충분히 커버하지 못할 수 있다.

일단 분량이 정해지면 기자들은 거기에 맞춰 기사의 틀을 잡는다. 길지 않은 스트레이트 기사 비중이 컸던 시절에는 쓰던 가락으로 머릿속으로 원고지 매수를 맞춰 갔다. 먼저 어떤 덩어리들로 기사를 구성할지 결정하고 기사를 쓰면서 리드와 본문, 인용 등을 적절하게 배치하면 대략 기사 분량을 맞출 수 있었다. 또 스트레이트 기사의 특성상 리드로 시작해 가장 중요한 팩트들부터 차례로 기사를 구성하게 되므로 간혹 기사가 넘치거나, 지면 사정상 불가피하게 기사를 잘라야 할 때는 뒤에서부터 쳐내도록 기사를 썼고, 실제로 그래도 별문제가 없었다.

하지만 스토리텔링이 중요해지고 온라인의 역할이 커지면서 언론사에서도 호흡이 긴 글들의 비중이 늘어났다. 그래서 기사를 구성하는 방식도 조금씩 달라졌다. 긴 기사는 머릿속으로 틀을 잡는 데 한계가 있다. 쓰면서 각 문단의 비중을 조절하는 것도 여의치 않다. 이럴 때 가장 좋은 방법은 주어진 분량에 맞춰 기사를 잘게 쪼개 보는 것이다. 그리고 각각의 작은 덩어리에 어떤 내용이 얼마나 들어갈지 정해 놓고 거기에 맞춰 글을 쓰면 된다.

예를 들어 원고지 20매 정도의 기사를 쓴다고 하면, 우선 리드와 본문, 맺음말로 큰 덩어리부터 나눈다. 그런 다음 다시 본문을 들어가는 말-대표적 사례-찬반양론-인용 등으로 더욱 세세하게 구분하고 각각의 분량을 정한 후 그대로 기사를 쓰는 것이다. 이렇게 하면 글을 쓰면서 모든 것을 머릿속으로 잡아가는 것보다 훨씬 시간이 단축되고 글 자체의 완성도도 높아진다. 덩어리를 잘게 쪼갤수록 기사를 쓰기도 쉬워진다. 나는 커다란 사안은 이런 식의 쪼개기를 통해 기사를 미리 디자인해 놓고 기사 작성을 시작했다. 쓰다 보면 이런저런 변수가 생기기도 했지만, 거기에 맞춰 다시 분량을 조절하고 구성을 잡는 것이 여러모로 훨씬 유리했다.

기사가 아닌 글, 특히 긴 글을 쓸 때 어림하기와 쪼개기라는 기자의 글쓰기 방식은 대단히 유용하다. 이 책을 시작하면서 내가 가장 먼저 했던 작업도 어림하기와 쪼개기였다. 전체 분량은 원고지 800매로 잡고 담아야 할 주제를 정한 뒤 그 비중에 따라 각 장의 분량을 정한 다음에야 글쓰기 작업에 들어갔다. '어떻게 덩어리를 나눌 것인가'는 글의 분량과 종류에 따라 달라지지만, 대략 정해진 분량에 맞춰 그림을 그려 두면 자신이 수집한 팩트를 기반으로 전달하고자 하는 핵심 메시지가 가장 돋보일 수 있도록 글을 구성할 수 있다.

이때 주의할 것은 쪼갠 덩어리들의 분량과 순서다. 전체를 쪼개 분량을 정하는 건 맞지만 그렇다고 거기에 지나치게 매일 필요는 없다. 쓰다 보면 어떤 덩어리는 잘 안 써지기도 하고 반대로 예상보다 할 말이 많아질 수도 있다. 그럴 때는 정해 놓은 분량을 고려해 일단 쓸 만큼 쓰고 나서 전체를 다듬고 조정해야 한다. 자칫 한 부분의 분량에 지나치게 얽매이면, 글을 쪼갠 애초의 의도와는 정반대로 역효과만 난다.

반면 글을 쓰는 순서는 웬만하면 정해놓은 대로 쓰는 것이 좋다. 덩어리를 쪼개 놓았다고 해서 잘 써지는 부분부터 쓰거나 안 써지는 부분을 미뤄두기보다 앞에서부터 차례대로 쓰는 것이 훨씬 더 낫다. 그래야 읽는 사람과 같은 눈으로 글을 볼 수 있고 문제가 있는 부분을 스스로 걸러낼 수 있다.

제목이 좋으면 다 좋다

마지막으로 한 가지가 더 남았다. 제목이다. 모든 글에는 제목이 있다. 기사도 마찬가지다. 기사 전체를 관통하는 제목이 있는가 하면 중간에 들어가는 소제목들도 있다. 같은 팩트와 야마라고 해도 제목을 어떻게 다느냐에 따라 기사의 전체적인 인상, 기사가 받을 수 있는 주목도도 달라진다.

과거에는 책은 몰라도 글의 제목에 관심을 기울이는 사람은 많지 않았다. 신문사에서도 1990년대 중반까지만 해도 기자는 팩트와 야마에만 신경을 썼다. 제목은 취재기자가 쓴 기사를 보고 면을 짜는 편집기자의 몫이었다. 글을 쓰는 사람과 제목을 다는 사람 사이에 명확하게 분업이 이루어지던 시절이었다.

하지만 지금은 본문 못지않게 제목을 중시하는 세태가 되었다. 특히 인터넷이 등장한 뒤로는 책은 물론이고 글에서도 제목이 결정적인 역할을 하는 것으로 여겨진다. 이제는 프레젠테이션 슬라이드를 만들 때, 표지는 물론이고 페이지마다 어떤 소제목을 쓸지 고민하는 이들도 적지 않다. 신문사에서도 언제부터인가 취재기자들이 기사에 제목을 달기 시작했다.

물론 취재기자들이 다는 제목은 어디까지나 가제다. 일부 매체를 제외하면 실제 제목은 여전히 편집기자들의 고유 영역이며 독자들이 보게 되는 제목은 대부분 편집 과정을 거쳐 다듬어지거나 만들어진 것이다. 하지만 취재기자들에게도 제목이 기사 쓰기의 한 부분으로 자리 잡은 것은 틀림없다.

제목은 자신이 쓴 기사에서 키 콘셉트를 뽑아내고 가장 적절한 방식으로 표현하는 작업이다. 리드도 비슷한 역할을 하지만 제목은 그보다 훨씬 밀도가 높다. 리드가 기사 내용에 대한 안내문이라고 한다면, 제목은 표지판이라고 할까. 따라서 스스로 제목을 달아 보면 야마를 점검하고, 나아가 핵심적인 팩트까지도 되짚어 볼 수 있다.

팩트, 야마, 제목은 한마디로 피라미드 관계다. 팩트가 부실하면 야마가 선명할 수 없고, 야마가 선명하지 않으면 적절한 제목을 뽑기 어려워진다. 특히 신문에서는 보통 큰 제목이 야마에서 뽑힐 때가 많기 때문에 야마가 제대로 되어 있지 않으면 제목도 엉성해지기 쉽다. 야마가 부실하면 당장 편집기자들로부터 "제목 달기 어렵네"라는 푸념이 터져 나온다.

그러므로 기자의 글쓰기를 응용하려면 제목에도 공을 들여야 한다. 글을 쓴 사람이 직접 제목을 달아보는 것은 특히 글쓰기 훈련 과정에서는 절대 빼놓을 수 없다. 제목 장사를 하라는 얘기가 아니다. 부실한 내용에 혹하는 제목을 달아 시선을 낚는 '낚시질'은 글을 쓰는 사람에게는 부끄러운 일이다. 하지만 내용에 잘 어울리는 제목을 다는 것은 글 쓰는 사람의 기본이기도 하다. 자신의 글을 독자에게 가장 확실하게 어필할 수 있는 것이 제목이기 때문이다. 사람들은 대개 글을 읽을 때 제목부터 본다. 특히 긴 글일수록 본문을 대표하는 제목의 역할은 더욱 커진다. 기껏 공들여 글을 써놓고 제목을 소홀히 하는 것은 자기 글의 가치를 스스로 떨어뜨리는, 사소하지만 흔한 부주의다.

자신이 완성한 글은 이메일, 보고서, 에세이, 프레젠테이션 슬라이드 등 종류를 막론하고 반드시 작정하고 제목을 달아 보자. 큰 제목은 물론이고 소제목이나 부제도 소홀히 하면 안 된다. 그리고 팩트와 포인트가 제목과 피라미드를 이루는지 짚어 보자. 만일 포인트가 부실한 채로 글을 완성했다면 제목 달기는 이를 바로잡을 마지막 기회가 되는 셈이다.

때로 포인트에서 완전히 벗어나 감성적인 제목이나 트렌디한 제목을 사용하기도 하지만, 기본적인 제목 훈련이 되지 않은 상태에서 튀기만 하는 제목은 역효과를 낼 뿐이다. 정 튀는 제목을 달고 싶다면 우선 포인트에 충실한 제목을 만들어 놓고 그것을 이리저리 뒤집어 보고 다듬는 편이 본문과 동떨어져 엇나갈 가능성을 막아 준다.

이 과정이 익숙해지면 거꾸로 제목부터 정해 놓고 거기에 맞춰 글을 써 볼 수도 있다. 마찬가지로 제목이 좋으면 그에 맞춰 포인트를 잡기도 수월하다. 포인트가 선명하면 챙겨야 할 팩트들도 한눈에 들어온다. 이는 논술 시험 등을 준비하는 데 반드시 필요한 방식이다. 팩트와 포인트, 제목은 어느 것부터 시작해도 결국은 서로 받쳐 주는 역할을 한다.

마감 스트레스는 즐기는 수밖에 없다

어떤 글이든 마감이 아예 없는 경우는 극히 드물다. 마감과 스트 레스는 반비례한다. 마감이 임박하면 누구나 스트레스 지수가 높아 진다. 마감 스트레스는 글을 쓰는 사람이라면 누구나 경험하는 고약 한 감정이다.

하지만 기자들처럼 마감 스트레스에 시달리는 사람들이 또 있을 까. 마감이 없는 기자의 생활은 상상할 수 없다. 기자는 항상 주어진 시간 내에 기사를 써야 한다. 그것도 대개는 촉박한 상황이다. 어떨 때는 시간이 말도 안 되게 부족하기도 하다. 스트레이트 기사는 보 통 발표 현장에서 바로 기사를 써서 송고하는데, 정부나 기업은 물론 이고 사건 사고가 항상 마감 시간을 배려하지는 않는다. 5시가 마감 인데 4시 30분에 상황이 발생하면 기사를 쓸 시간은 고작 30분이다. 아무리 경천동지할 만한 일도 그 안에 무조건 기사를 써야 한다. 마 감은 죽어도 지켜야 한다. 영어 표현 그대로 데드 라인Dead Line이다.

예기치 못한 일로 늦어질 때도 있다. 마감까지는 여유가 있다고 생 각했는데 이런저런 이유로 시간이 지체되면 그야말로 1분이 여삼추 다. 체육부에서 프로야구 담당이었을 때 하루가 멀다고 마감 시간을 대느라 고생했던 기억이 지금도 생생하다. 통상 마감 시간은 세 시간이면 끝나는 경기 시간에 맞춰져 있는데 뜻하지 않게 9회 동점 상황에서 득점 찬스가 났다고 해보자. 마감은 시시각각 다가오는데 기사는 보낼 수 없다. 고육지책으로 미리 승패를 달리해 기사를 두 가지로 써두었다가 경기가 종료되는 순간 송고를 하곤 했다. 하지만 그때마다 피가 마른다는 게 무엇인지 실감하지 않을 수 없었다.

늦는다고 예고된 상황은 그래도 낫다. 미리 기사와 관련된 자료를 수집하고 대충 기사의 얼개를 짜놓고 있다가 발표가 나면 팩트만 챙겨 기사를 송고할 수 있다. 하지만 큰 사건일수록 예고 없이 불쑥 벌어진다. 김정일 사망이나 일본 동북부를 초토화한 대지진처럼 아무 조짐도 없다가 돌발적으로 터져 나오는 사건·사고가 부지기수다. 신문 제작이 끝난 새벽이라면 몰라도 그전까지는 한밤중에 아무 준비도 되지 않은 상태에서 시간에 쫓기며 기사를 써야 할 일도 부서에 따라서는 심심치 않게 일어난다.

이처럼 촉박한 마감 상황은 어떻게 기사를 썼는지 기자 자신도 모를 만큼 정신없이 돌아간다. 머리와 손을 쉴 새 없이 놀리면서도 눈은 연방 시계를 쳐다본다. 간혹 성질 급한 데스크라도 만나면 그야말로 죽을 맛이다. 기사를 기다리지 못하고 자꾸 채근하기 때문이다. 심지어 1분에 한 번씩 확인 전화를 걸다시피 하는 다혈질들도 있다. 자신도 속이 타서 하는 행동이겠지만, 현장의 기자는 그 상황이면 사실 전화를 받을 시간조차 없다.

기자에게 마감은 필요악이기도 하다. 대부분의 기자는 마감시간이 없으면 기사를 쓰지 못한다. 미리 기사를 써두는 기자는 열에 하나 될까 말까다. 그래서 미감이 언제인지부터 묻는 것이다. 간혹 시간 될 때 써 달라는 외고 청탁이라도 받으면 차일피일 미루다 아예 잊어버리기 쉽다.

마감까지 시간이 많아도 마찬가지다. 결국은 마감이 임박해야 기사를 쓴다. 실제로도 마감시간이 닥쳐야 기사가 잘 써진다고 말하는 기자들이 대부분이다. 이 사실을 너무나 잘 알고 있던 나는 다른 부서 기자들에게 원고를 부탁할 일이 있으면 일부러 하루 이틀 정도 마감을 당겨서 알려주곤 했다. 그렇게 마감 스트레스를 받으면서도 마감시간이 없으면 기사를 쓰지 못하는 이유는 자신도 모르는 사이에 마감에 중독되었기 때문이 아닐까.

기자 생활을 오래 하다 보면 마감은 일종의 직업병이 된다. 나도 예외는 아니다. 뭐든 언제까지 해야 하는지부터 챙긴다. 그리고 무슨 일이 있어도 그 시간 안에 일을 끝내야 직성이 풀린다. 결과가 약간 마음에 들지 않아도 일단 약속한 시간에 일을 끝내는 것을 훨씬 더 중요하게 여긴다. 정작 상대방은 조금 늦어져도 상관없는데 나 혼자 마감시간을 지키지 못해 안달을 내기도 한다. 반대로 마감시간을 지키면 남모를 자기만족감에 즐거워하기도 한다.

사실 마감은 모든 일을 하는 데 적당한 긴장감을 준다. 글쓰기는 말할 것도 없다. 마감이 없으면 일 처리가 늦어지게 마련이다. 마감시간 없이 자발적으로 최대한 빠른 기간 내에 일을 마치는 사람은 극히 드물다. 기자들처럼 피를 말리는 마감 스트레스나 마감시간부터 지켜야 한다는 강박관념이라면 문제가 될 수도 있겠지만, 어느 정도의 마감 정신은 누구에게나 필요하다.

주어진 시간 안에 일을 끝낸다는 것은 분명 바람직하다. 특히 비즈니스의 세계에서 마감은 가장 우선으로 지켜야 할 약속이기도 하다. 마감이 다른 사람과의 약속에만 중요한 것은 아니다. 나와의 약속, 나와의 다짐을 지켜나가는 데도 마감은 대단히 효과적인 장치이다.

기자의 글쓰기를 응용하겠다면 나만의 마감 시간을 세팅하라. 그리고 마감은 무조건 지키는 것이라고 단단히 마음을 먹어라. 마감까지의 시간을 어림해서 세부 마감을 정해 놓는 것도 좋다. 그리고 마감시간을 지키면 자신에게 작은 보상을 해줄 필요도 있다. 마감은 괴롭기도 하지만 즐겁기도 하다는 것을 스스로 일깨우는 가장 확실한 방법이다.

완성된 글은
더는 내 것이 아니다

하나의 글쓰기가 마무리 단계에 접어들면 누구나 약간 불안해진다. 이 느낌은 글을 시작하기 전의 두려움과는 다르다. 내가 글을 제대로 썼나 하는 의구심이 드는 것이다. 아무리 글을 오래 써 온 사람이라도, 혹은 아무리 준비를 많이 하고 자신이 쓰고자 하는 바를 온전히 썼다고 하더라도 '혹시' 하는 생각은 들 수밖에 없다. 자신이 만들어 낸 결과물에 대해 100% 확신을 하는 사람이 얼마나 될까? 지금 이 책을 쓰고 있는 나 역시 예외는 아니다.

하지만 의구심과 자신 없음은 분명히 구별할 필요가 있다. 의구심이 드는 것은 당연하지만, 그렇다고 스스로 글쓰기에 대해 부정적인 생각부터 할 필요는 없다. 한 번 부정적인 시각으로 보기 시작하면 첫머리부터 시작해 접속사 하나까지 모두 마음에 들지 않는다. 다른 사람이 보기에는 그리 대단한 것이 아닌데도 나에게는 견딜 수 없는 흠처럼 느껴지기도 한다. 이런 시각의 차이는 글을 쓴 사람이 자기 글 속에 빠져 헤어나지 못할 때 생긴다. 자기가 쓴 글에 대해 자신이 없거나 반대로 지나치게 완벽을 기하려다 보면 지엽적인 문제에 사로잡힌다.

글을 완성하자마자 데스크라는 강력한 1차 독자를 만나게 되는 기자들이 가지는 심적 부담은 더 클 수밖에 없다. 데스크가 기사를 읽고 있을 동안에는 혹시라도 걸려 올지 모르는 전화 때문에 휴대전화를 손에서 내려놓기 어렵다. 혹여 신문사 안에서 자신의 기사를 보고 있는 데스크를 봐야 할 때는 공연히 좌불안석이 되기도 한다.

그래서 마음에 들지 않거나 부족한 글이라고 생각하면 자기가 쓴 기사에서 손을 떼지 못하는 기자들도 있다. 분량을 다 채운 것은 물론이고 사실상 완성한 기사를 가지고도 이리 바꿨다가 저리 바꿨다 하면서 만지작거리기만 하는 것이다. 결국 데스크로부터 빨리 넘기라는 다그침을 거듭 받고 나서야 마지못해 송고한다.

심한 경우는 마감을 어기기도 하는데 글을 쓴 기자가 그 정도로 마음에 들지 않는 기사가 과연 데스크의 마음에는 들까? 들 수도 있고 아닐 수도 있다. 내용상으로 부족하다면 당연히 한 소리 듣겠지만, 뜻밖에 그냥 넘어가는 경우도 있다. 글을 쓴 사람에게는 너무나 심각한 흠이 정작 글을 읽는 사람에게는 그다지 중대한 결함으로 보이지 않기도 하는 것이다.

후배 기자가 작성이 끝난 기사를 계속 만지작거리고 있으면 선배들이 하는 말이 있다. "일단 완성된 기사는 더는 네 것이 아니다."라고. 이 말은 어차피 네가 쓴 대로 기사가 나가지 않을 테니 너무 속 끓이지 말라는 뜻이다. 실제로 기사는 일차적으로 데스크가 손질하고 편집기자와 교열기자를 거쳐 지면에 실리게 된다.

아무리 완벽한 기사도 데스크에 의해 리드와 문장, 문단이 다듬어지고, 편집기자에 의해 분량이 잘리거나 교열기자에 의해 표현이 바뀔 수 있다. 사실상 팩트만 남겨 놓고 모든 것이 달라질 수 있다는 얘기다.

완성된 글은 더는 내 것이 아니라는 마음가짐은 기자가 아닌 사람들에게도 상당히 도움이 된다. 최상의 글을 만들기 위해 온 힘을 기울여야 하는 것은 분명하지만, 자신이 할 수 있는 것과 없는 것은 분명히 구별할 필요가 있다. 할 만큼 했다면 더는 자신이 할 수 있는 게 없다는 것도 스스로 판단할 수 있어야 한다. 자기 글의 수정 보완도 어느 단계에 이르면 아무리 해봐야 크게 나아지지는 않는다. 차라리 다른 사람의 도움을 받는 것이 훨씬 낫다.

사실 자기 글을 자기가 보는 데는 한계가 있다. 특히 글쓰기 훈련이 덜 된 사람은 자신의 글이 어떤 오류가 있는지 아직 발견하지 못하는 경우가 대부분이다. 잘못 쓴 글을 바로 잡는 가장 좋은 방법은 자기 글의 문제점을 누군가 있는 그대로 지적하고 대안을 제시해 주는 것이다. 자신이 쓴 것과 다른 사람이 고쳐준 글을 동시에 보게 되면 무엇이 틀렸고 무엇이 문제인지 대번에 파악하게 된다. 코멘트가 구체적이면 구체적일수록 그 효과는 정비례한다.

글쓰기에 도움을 줄 사람을 찾기란 그리 어렵지 않다. 글이나 글 쓴 사람에 대해 어느 정도의 관심만 있으면 누구나 할 수 있다. 사람들은 대개 주어진 글이 있으면 그것이 잘 쓴 것인지, 아닌지 분별할 수 있다. 그리고 남의 글에 부족한 부분을 지적하거나 더 나은 대안을 제시하는 것도 어느 정도 가능하다.

이는 글쓰기 능력과는 또 다른 차원이다. 아직 스스로 글을 쓰는 역량은 부족한 사람이라도 남의 글을 읽고 의견을 전하는 것은 얼마든지 할 수 있다는 얘기다. 대학에서 학생들에게 데스크 실습을 시켜 봤을 때도 그전까지 기사 작성 실습에서 드러났던 글쓰기 수준과는 비교도 되지 않는 날카로운 지적과 적절한 대안이 쏟아져 나오곤 했다.

다른 사람의 도움을 빌리고 싶다면 같은 과 친구들이나 입사 동기들끼리 서로 쓴 글을 교환하고 그에 대한 코멘트를 받는 것이 가장 손쉬운 방법이다. 일종의 교환 글쓰기를 통한 상호 코칭인 셈인데 남의 글을 집중해서 읽고 나라면 이렇게 쓰지 않았을 것 같다는 의견을 주는 것만으로도 글을 쓴 사람에게는 훌륭한 피드백이 된다.

자신이 흔히 하는 실수가 무엇인지 자기 글의 부족한 부분이 어떤 것인지 알게 되면 같은 실수를 되풀이하지 않기 위해 노력하지 않을 수 없다. 동시에 의견을 주는 사람도 코칭을 통해 자신의 글쓰기를 되돌아보고 타인의 실수를 타산지석, 반면교사 삼아 자신의 글쓰기를 향상할 수 있으니 일거양득이다.

더 구체적인 대안을 얻고 싶다면, 전문가로부터 글쓰기 클리닉이나 첨삭지도를 받을 수도 있다. 주변에 글을 잘 쓰는 사람이나 글쓰기를 업으로 하는 사람이 있다면 글쓰기 코치나 멘토로 삼는 것도 좋다. 글을 쓸 줄 아는 사람이라면 분량, 시간, 비용의 제약이 없는 한 누군가 직접 쓴 글을 보여 주면서 도움을 요청하면 대부분 기꺼이 그 부탁을 받아들일 것이다. 글쓰기를 의미 있게 생각하는 사람에게는 남의 글을 읽는 것도 작은 즐거움이고 그에 대해 의견을 주고받는 것도 마찬가지일 것이기 때문이다.

친구든, 전문가든 반드시 누군가로부터 직접적인 도움을 받아야만 한다는 것은 아니다. 그보다는 어느 정도 완성된 글은 놓아버릴 줄 알아야 한다는 얘기다. 모든 사람을 만족하게 하거나 100% 완벽한 글이란 있을 수 없다. 자신이 온 힘을 다해 글을 썼다면 그다음은 독자들에게 맡겨야 한다. 영화감독이 작품을 발표하고 나서 "판단은 관객의 몫"이라고 말하는 것처럼 말이다.

쓰고 나서 최소한 세 번 읽어라

단 완성된 글을 놓기 전에 꼭 해야 할 일이 있다. 자기가 쓴 글을 읽어 보는 것이다. 많은 사람이 글을 쓰기 전이나 글을 쓰면서는 자신의 글이 어떨까 고민하면서 정작 쓰고 나서는 생각보다 꼼꼼하게 점검하지 않는다. 단어 하나, 표현 하나 때문에 마음을 졸이고 썼다, 지우기를 반복했으면서도 다 된 이메일을 읽어 보지도 않고 '보내기' 버튼을 눌러 버리는 경우도 적지 않다. 심지어 신문사에서도 데스크들이 "제발 좀 읽어 보고 보내라"는 말을 하는 걸 보면, 기자 중에도 자기 기사를 제대로 확인하지 않고 송고하는 사람이 있다는 얘기다. 쓰는 동안 고심을 했으니 틀림없다는 무모한 확신이라도 있는 것일까.

완성된 글을 읽어 보는 것은 글을 쓴 사람이 반드시 지켜야 할 기본 의무다. 글을 쓰기 전에 주제와 형식을 생각하고, 글을 쓰면서 문단과 문장을 고민하듯 글을 쓰고 나서는 스스로 쓴 글을 읽어 보고 검토해야 한다. 넓은 의미에서는 이 마지막 읽기도 글쓰기에 포함된다. 이 과정까지 끝나야 하나의 글이 완성되는 것이라 할 수 있다.

읽기와 쓰기는 떼려야 뗄 수 없는 밀접한 사이지만 동시에 정반대의 행위이기도 하다. 서로 달라서 앞뒤로 보완되는 것이다. 같은 사람이 쓰고 읽더라도, 쓰는 것과 읽는 것은 또 다르다. 간밤에 자기가 쓴 일기나 연애편지를 아침에 보고 얼굴이 화끈거려 본 경험이 있다면 이해가 갈 것이다. 분명 자기감정인데도 독자가 되어 읽어 보면 그 느낌이 아니다. 마찬가지로 쓸 때는 분명히 설득력 있다고 생각한 글도 막상 다시 읽어보면 작게는 틀린 글자에서부터 크게는 논리의 비약에 이르기까지 허술한 구석이 드러난다. 그러니 자기가 쓴 글을 제대로 읽지 않고 다른 사람에게 보내면, 읽는 사람과 쓴 사람 간의 차이가 상상 이상으로 벌어질 수도 있다.

완성된 내 글을 점검하기 위해서는 최소한 세 번 읽어야 한다. 나는 지금도 시간이 허락하는 한, 중요한 글이나 이메일은 보내기 전에 반드시 세 번 이상 읽는다. 물론 이 책도 그렇게 했다.

세 번을 읽으라고 하는 까닭은 각각 읽는 목적이 다르기 때문이다. 처음 읽을 때는 오자와 탈자, 비문을 잡아내기 위해서다. 틀린 철자나 빠진 철자는 글의 종류를 막론하고 절대 있어서는 안 되는 것들이다. 아무리 잘 쓴 글이라 하더라도 틀린 글자가 있으면 글은 물론이고 글을 쓴 사람에 대한 이미지가 흔들린다.

특히 신문기사나 사업상의 계약서처럼 공식적인 문서라면 신뢰도마저 심각한 타격을 입는다. 물론 현실적으로 모든 사람이 철자를 정확하게 알 수는 없다. 오자를 아예 없애기도 불가능하다. 신문사에서도 기자, 데스크, 편집기자, 교열기자까지 다 본 기사에서도 오자는 나온다. 우리말은 그래도 낫지만 영어는 쓰다 보면 알파벳 하나 빼먹기 십상이다.

하지만 몰라서 틀리는 것과 틀리고도 모르는 것은 분명 다르다. 모르면 찾아보면 되고 틀렸으면 고치면 된다. 조금이라도 미심쩍은 맞춤법은 반드시 확인하는 습관을 들여야 한다. 그래야 오자, 탈자를 최소화할 수 있다. 어쩌다 하나라면 사람인 이상 틀릴 수도 있다고 이해할 수도 있겠지만 오자나 탈자가 버젓이, 그것도 하나 이상 나온다면 그것은 글을 쓴 사람이 자기 글을 꼼꼼히 살피지 않았다는 사실로밖에 받아들일 수 없다.

두 번째로 읽을 때는 문장과 문단을 살펴봐야 한다. 주어와 동사의 호응이 맞지 않는 문장은 없는지, 아예 말 자체가 안 되는 비문은 없는지, 문장의 흐름이 어색한 부분은 없는지 주의해서 읽어야 한다. 문단은 앞 문단과 뒤 문단이 내용상 어긋나는 부분은 없는지, 연결은 매끄러운지, 전체 글에서 문단들의 비중이 어느 정도 균형을 이루고 있는지 등을 살핀다. 문장이 자연스러우면 문단도 그럴 확률이 높긴 하지만, 그래도 자신이 쓴 글에 대해 스스로 보폭을 조절해가며 가까이에서도 들여다보고 멀리에서도 바라볼 필요가 있다. 문제가 있다고 생각되는 부분이 있으면 새로 쓰거나 앞뒤 문단의 순서를 바꾸는 등 리모델링을 해야 한다.

마지막으로는 독자로서 글을 읽어 보는 것이다. 글을 쓴 목적이 알기 쉽게 드러나 있는지, 전달하고자 하는 메시지가 명확한지, 솔직하게 쓰였는지, 지루하지는 않은지 등등. 독자가 구체적으로 정해져 있는 경우라면, 그 사람 입장에서 읽어 보겠다고 생각하면 더욱 좋다.

혹시 오해될만한 부분은 없는지, 나에 대해 잘못 아는 것은 없는지, 그 사람의 지식수준에서 너무 어렵게 보이지는 않는지 등이다. 앞서 두 번의 읽기가 글 쓴 사람의 자기 리뷰였다면, 이번에는 스스로 독자가 되어 자기 글을 객관화하고 미리 소통해 보는 것이다.

이렇게 세 번을 읽으면 확실히 오자, 탈자가 줄어들고 문장이나 문단의 흐름도 한결 자연스러워진다. 글 전체의 메시지도 더 명확해진다. 물론 한 번 읽을 때 세 가지를 다 볼 수도 있다.

하지만 한 번에 모든 것을 보고 잡아내기란 쉽지 않다. 아예 시간이 없다면 모를까, 의식적으로 포인트를 잡아서 세 번은 읽어야 웬만한 것들을 걸러낼 수 있다. 세 번 중 한 번은 프린트해서 읽는 것이 좋다. 모니터로 읽는 것과 종이로 읽는 것은 확실히 차이가 난다. 읽는 환경을 바꿔 주면 시야도 시선도 달라진다.

그렇다고 마냥 읽을 필요는 없다. 첫 번째 읽었을 때가 가장 많이 보이고 뒤로 갈수록 집중도는 점점 떨어진다. 아예 충분한 시간을 두고 나중에 다시 읽는다면 모를까, 여덟 번째나 아홉 번째 읽기가 첫 번째와 두 번째의 읽기만은 못하다는 얘기다. 세 번째 읽기에서 결정적인 오류를 발견하지 않는다면 그 글에 대해서는 그 느낌이 맞는 것이다. 그리고 그때가 바로 그 글을 내 손에서 떠나보낼 순간이다.

무언가를 시도하는 것은 옳다

이 책을 집필하기 전 글쓰기는 달리기와 비슷하다는 생각이 들었다. 글에는 100m 달리기처럼 순간적으로 빨리 써야 하는 짧은 종류도 있고 마라톤처럼 오랫동안 쉬지 않고 써야 하는 긴 종류도 있다. 어떤 글을 쓰느냐에 따라 순발력과 폭발력이 필요하기도 하고 긴 호흡과 지구력이 요구되기도 한다.

달리기와 글쓰기는 잘하는 방법도 닮았다. 달리기를 잘하려면 일차적으로는 타고난 체격 조건이 우선이다. 아무래도 체격 조건이 좋으면 경쟁에서 유리하다. 하지만 결코 체격 조건 그 자체가 우승을 담보하지 않는다. 그보다는 얼마나 전략적으로 체계적인 훈련을 받느냐가 더 중요하다. 특히 체격 조건의 차이가 크지 않을 때는 더욱 그렇다.

마라톤처럼 극한의 지구력을 요구하는 종목은 물론이고 가장 짧은 100m의 경우도 10초 남짓한 경기를 위해 선수들은 매일 같이 훈련을 한다. 100m를 실제로 달려 기록을 재는 것은 물론이지만, 100m 달리기에 적합한 체력을 기르기 위한 훈련도 게을리하지 않는다. 또 선수 장단점에 따라 스타트 훈련을 강화하기도 하고 주법을 다듬기도 한다. 과학과 의학의 도움도 필수다. 어느 종목이든 마찬가지이겠지만, 달리기 선수들은 한 대회를 위해 몇 달, 심지어 올림픽은 4년 동안 땀을 쏟아야 하고 그 결과를 한 번의 승부로 결정짓는 것이다.

글쓰기도 마찬가지다. 타고난 소질이나 관심이 있으면 아무래도 낫다. 하지만 그보다는 꾸준한 훈련이 훨씬 직접적인 영향을 미친다. 듣기와 말하기, 읽기 같은 전 단계 커뮤니케이션과 자기 주도적 사고가 누구나 갖춰야 할 글쓰기를 위한 기초 훈련이라면, 세부적인 훈련은 각자가 쓰는 글의 종류에 따라 다를 것이다. 기자의 글쓰기를 예로 들면 취재원 관리를 시작으로 뉴스의 흐름을 좇는 감각, 승부 근성, 냉철한 판단, 객관적인 시각, 트렌드를 읽는 감성 등을 갖춰야 하고 팩트와 야마를 기본으로 간결하고 유기적이며 리듬감이 있는 글을 쓰는 훈련도 필요하다. 그런 것들이 쌓여야 분초를 다투는 상황에서도 써야 할 기사를 바로 쓸 수 있다. 달리기도, 글쓰기도 결코 하루아침에 이루어지지 않는다.

무언가를 시작하기 직전은 또 어떤가. 컴퓨터든 종이든 아무것도 쓰여 있지 않은 백지를 대면한다는 것은 출발선 앞에 선 달리기 선수와 같다. 달리기 선수라면 누구나 경기 직전 떨리는 마음이 될 것이다. 출발점 앞에서 초연할 수 있는 선수가 얼마나 될까. 그날따라 컨디션이 썩 좋지 않을 수도 있고, 어마어마한 규모의 스타디움이나 관중에 압도될 수도 있다. 뛰나 마나 1등은 꿈도 꾸지 못할 상황일 수도 있다.

하지만 그래도 선수들은 경기에 나선다. 훈련이 잘된 선수들은 자신을 믿고 경기를 한다. 모든 상황이 완벽한 조건에서만 경기할 수 없다는 것을, 일단 뛰기 시작하면 더는 두렵지 않다는 것을 알기 때문이다. 총성이 울리고 경기가 시작되면 선수들은 그간 쌓아왔던 것들을 1초의 미련도 없이 온전히 쏟아낸다. 그러다 어느 순간, 자신의 기록을 경신하기도 한다. 그런 점에서 경기는 최고의 훈련이기도 하다. 출전 경험이 하나 둘 쌓이면서 선수의 기량도 기록도 절정에 이르는 것이다.

글쓰기도 똑같다. 어떤 글이든 첫 자를 적기 직전에는 누구나 긴장된다. 아무리 글쓰기 경험이 많아도 그건 마찬가지다. 특히 미처 써야 할 내용을 다 챙기지 못했다는 판단이 들 경우, 너무 급하게 글을 써야 할 때 혹은 많은 사람이나 높은 사람이 읽을 글을 써야 할 때처럼 부담스러운 상황에서는 한 글자도 쓸 수 없을 것 같은 느낌마저 들기도 한다. 기자 시절 나 역시 시간이 촉박했던 경우는 말할 것도 없고 막상 현장에 가 보니 기획했던 것과 달라 취재가 부실하거나 인터뷰가 꼬여 쓸 만한 얘기가 하나도 없다고 느낀 적도 여러 번 있었다. 그야말로 백지에 검은 문자를 박아 넣는 것밖에 안 되는 쓰기 싫은 기사를 억지로 써야 할 때도 있었다.

그래도 기자였던지라 기사는 썼다. 아니, 쓸 수밖에 없었다. 그것도 주어진 시간 내에. 어쨌든 신문은 나와야 했다. 일단 글을 쓰기 시작하면, 기사는 또 어떻게든 써졌다. 잘 쓰고 못 쓰고는 그다음이었다. 가끔은 걱정했던 것과 달리 훌륭한 기사가 나오기도 했다.

그런 경험이 하나 둘 쌓이면서 나는 글이란 '잘 쓴다, 못 쓴다' 이전에 '쓴다, 안 쓴다'의 문제라는 것을 스스로 확실히 각인시킬 수 있었다.

글을 쓰지 않을 핑계는 많다. '글이 잘 써지지 않는다' '글을 쓸 만한 내용이 아니다' '시간이 없다' 등이다. 그러다 보면 꼭 필요한 경우에 할 수 없이 글을 쓴다. 그리고 글을 쓰기 위한 어떤 노력도, 훈련도 하지 않고 그저 글을 써야 한다는 상황만 부담스러워하게 된다. 하지만 글도 써야 는다. 쓰면 쓸수록 실력이 붙는다. 쓰지 않으면 퇴보한다. 글이 써지지 않는다고 해서 글을 쓰지 않으면 점점 더 글을 쓸 수 없게 된다. 글 쓸 줄 아는 사람이 되고 싶으면 어쨌든 글을 쓰는 수밖에 없다. 방법은 여러 가지다.

기자를 그만두고 난 뒤 한동안 더는 글을 쓸 수 없을 것 같아 불안했다. 기업에서도 글을 쓰긴 하지만 아무래도 기자처럼은 하지 못할 것이기 때문이었다. 글쓰기가 업이었던 기자 시절에는 생각지도 않았던 글쓰기 책을 기자를 그만두고 나서 쓰게 된 데에는 이런 개인적인 속셈도 한몫했다. 어쨌든 책을 쓰면 글은 계속 써야 할 테고, 기자 경험을 포함해 글쓰기에 관한 책이라면 그 어느 때보다 의식적인 글쓰기가 될 것이라는 판단이었다.

책을 쓰는 몇 달 동안 낮과 밤이 완전히 다른 이중생활을 했다. 신문사를 다닐 때도 책을 썼다. 하지만 그때는 어쨌든 생활 모드가 글쓰기에 맞춰 있었고 자투리 시간에 책을 쓸 수도 있었다. 하지만 회사에서는 둘 다 불가능했다. 퇴근 후와 주말이 유일한 시간이었다. 하지만 덕분에 글을 쓰는 시간은 전에 없이 소중했다. 그래서 바쁜 일정으로 녹초가 된 날도 회식하고 밤늦게 귀가한 날도 글쓰기를 거를 수 없었다. 그런 점에서 이 책은 나 자신을 위한 것이기도 했다.

그렇게 완성된 이 책이 최고라고는 자신할 수 없다. 여기 담긴 내 생각은 글쓰기에 대한 수많은 의견 중 하나일 뿐이다. 선배 기자는 물론이고 지금 현역에서 뛰고 있는 기자들의 경험과 생각 중에서도 일부만 대변할 수 있을 것이다. 하지만 아무리 특수한 경험, 작은 의견이라도 세상에 나와 많은 사람과 소통을 시도할 필요는 있지 않은가. 그런 것들이 모여야 보편적인 공감이 만들어지고 발전도 이루어지는 것이라 믿기로 했다. 그런 점에서 이 책이 최선의 노력이었다고는 자부할 수 있을 것 같다.

기자 시절 선배들이 자주 해주던 말이 생각난다.

"안 되면 되게 하라."

당시에는 후배를 다그치기 위해 하는 우악스러운 억지라 생각했다. 하지만 이제는 그 말의 참뜻이 무엇인지 알 것 같다. 아무리 힘든 일이라도 안 된다, 못한다는 생각부터 하지 말고 될 방법을 고민하라는 뜻이리라. 만일 길이 있다면, 그것을 찾으려는 의지와 노력 가운데서 찾을 수 있을 테니까. 길이 있는지 없는지는 가 봐야 아는 것이다. 무언가를 시도하는 것은 아무것도 하지 않는 것보다 옳다.

KI신서 4412

글 쓸 줄 아는 사람이 되라

호모 스크리벤스

1판 1쇄 발행 2013년 1월 10일
1판 2쇄 발행 2013년 3월 8일

지은이 김지영
펴낸이 김영곤 **펴낸곳** (주)북이십일 21세기북스
부사장 임병주 **MC기획2실장** 안현주
브랜드기획1팀장 정혜원 **브랜드기획2팀장** 이현정
기획 손인호 오미현 **디자인** 윤정아 전지선
출판마케팅본부장 주명석 **마케팅** 김현섭 민안기 최혜령 김다영 김해나 이은혜 강서영
출판영업본부장 최창규 **영업** 이경희 정병철 정경원
출판등록 2000년 5월 6일 제10-1965호
주소 (우413-120) 경기도 파주시 회동길 201(문발동)
대표전화 031-955-2100 **팩스** 031-955-2151 **이메일** book21@book21.co.kr
홈페이지 www.book21.com **트위터** @21cbook **블로그** b.book21.com

책값은 뒤표지에 있습니다.
ISBN 978-89-509-4369-1 03320